elevar las ciencias

SAVVAS
LEARNING COMPANY

¡Eres un autor!

Este libro es para ti. Puedes escribir y dibujar en él.
También puedes anotar tus datos y hallazgos.
¡Eres un autor de este libro!

Escribe tu nombre, escuela, ciudad y estado
a continuación.

Mi foto

Nombre _____

Escuela _____

Ciudad, Estado _____

SAVVAS
LEARNING COMPANY

ISBN-13:   978-0-328-96223-5
ISBN-10:   0-328-96223-6
7 22

Autores del programa

ZIPPORAH MILLER, EdD

Coordinator for K-12 Science Programs, Anne Arundel County Public Schools.
Zipporah Miller currently serves as the Senior Manager for Organizational Learning with the Anne Arundel County Public School System. Prior to that she served as the K-12 Coordinator for science in Anne Arundel County. She conducts national training to science stakeholders on the Next Generation Science Standards. Dr. Miller also served as the Associate Executive Director for Professional Development Programs and conferences at the National Science Teachers Association (NSTA) and served as a reviewer during the development of Next Generation Science Standards. Dr, Miller holds a doctoral degree from University of Maryland College Park, a master's degree in school administration and supervision from Bowie State University, and a bachelor's degree from Chadron State College.

MICHAEL J. PADILLA, PhD

Professor Emeritus, Eugene P. Moore School of Education, Clemson University,
Clemson, South Carolina
Michael J. Padilla taught science in middle and secondary schools, has more than 30 years of experience educating middle grades science teachers, and served as one of the writers of the 1996 U.S. National Science Education Standards. In recent years Mike has focused on teaching science to English Language Learners. His extensive leadership experience, serving as Principal Investigator on numerous National Science Foundation and U.S. Department of Education grants, resulted in more than $35 million in funding to improve science education. He served as president of the National Science Teachers Association, the world's largest science teaching organization, in 2005–6.

MICHAEL E. WYSESSION, PhD

Professor of Earth and Planetary Sciences, Washington University,
St. Louis, Missouri
An author on more than 100 science and science education publications, Dr. Wysession was awarded the prestigious National Science Foundation Presidential Faculty Fellowship and Packard Foundation Fellowship for his research in geophysics, primarily focused on using seismic tomography to determine the forces driving plate tectonics. Dr. Wysession is also a leader in geoscience literacy and education, including being chair of the Earth Science Literacy Principles, author of several popular geology Great Courses video lecture series, and a lead writer of the Next Generation Science Standards*.

Revisores

Asesores del programa

Carol Baker
Science Curriculum

Dr. Carol K. Baker is superintendent for Lyons Elementary K-8 School District in Lyons, Illinois. Prior to that, she was Director of Curriculum for Science and Music in Oak Lawn, Illinois. Before that she taught Physics and Earth Science for 18 years. In the recent past, Dr. Baker also wrote assessment questions for ACT (EXPLORE and PLAN), was elected president of the Illinois Science Teachers Association from 2011-2013 and served as a member of the Museum of Science and Industry advisory boards in Chicago. She is a writer of the Next Generation Science Standards. She is a writer of the Next Generation Science Standards. Dr. Baker received her BS in Physics and a science teaching certification. She completed her Master of Educational Administration (K-12) and earned her doctorate in Educational Leadership.

Jim Cummins
ELL

Dr. Cummins's research focuses on literacy development in multilingual schools and the role technology plays in learning across the curriculum. *Elevate Science* incorporates research-based principles for integrating language with the teaching of academic content based on Dr. Cummins's work.

Elfrieda Hiebert
Literacy

Dr. Hiebert is the President and CEO of TextProject, a nonprofit aimed at providing open-access resources for instruction of beginning and struggling readers, and a former primary school teacher. She is also a research associate at the University of California Santa Cruz. Her research addresses how fluency, vocabulary, and knowledge can be fostered through appropriate texts, and her contributions have been recognized through awards, such as the Oscar Causey Award for Outstanding Contributions to Reading Research (Literacy Research Association, 2015), Research to Practice Award (American Educational Research Association, 2013), William S. Gray Citation of Merit Award for Outstanding Contributions to Reading Research (International Reading Association, 2008).

Revisores del contenido

Alex Blom, Ph.D.
Associate Professor
Department Of Physical Sciences
Alverno College
Milwaukee, Wisconsin

Joy Branlund, Ph.D.
Department of Physical Science
Southwestern Illinois College
Granite City, Illinois

Judy Calhoun
Associate Professor
Physical Sciences
Alverno College
Milwaukee, Wisconsin

Stefan Debbert
Associate Professor of Chemistry
Lawrence University
Appleton, Wisconsin

Diane Doser
Professor
Department of Geological Sciences
University of Texas at El Paso
El Paso, Texas

Rick Duhrkopf, Ph.D.
Department of Biology
Baylor University
Waco, Texas

Jennifer Liang
University Of Minnesota Duluth
Duluth, Minnesota

Heather Mernitz, Ph.D.
Associate Professor of Physical Sciences
Alverno College
Milwaukee, Wisconsin

Joseph McCullough, Ph.D.
Cabrillo College
Aptos, California

Katie M. Nemeth, Ph.D.
Assistant Professor
College of Science and Engineering
University of Minnesota Duluth
Duluth, Minnesota

Maik Pertermann
Department of Geology
Western Wyoming Community College
Rock Springs, Wyoming

Scott Rochette
Department of the Earth Sciences
The College at Brockport
State University of New York
Brockport, New York

David Schuster
Washington University in St Louis
St. Louis, Missouri

Shannon Stevenson
Department of Biology
University of Minnesota Duluth
Duluth, Minnesota

Paul Stoddard, Ph.D.
Department of Geology and Environmental Geosciences
Northern Illinois University
DeKalb, Illinois

Nancy Taylor
American Public University
Charles Town, West Virginia

Revisores de seguridad

Douglas Mandt, M.S.
Science Education Consultant
Edgewood, Washington

Juliana Textley, Ph.D.
Author, NSTA books on school science safety
Adjunct Professor
Lesley University
Cambridge, Massachusetts

Maestros revisores

Jennifer Bennett, M.A.
Memorial Middle School
Tampa, Florida

Sonia Blackstone
Lake County Schools
Howey In the Hills, Florida

Teresa Bode
Roosevelt Elementary
Tampa, Florida

Tyler C. Britt, Ed.S.
Curriculum & Instructional
 Practice Coordinator
Raytown Quality Schools
Raytown, Missouri

A. Colleen Campos
Grandview High School
Aurora, Colorado

Coleen Doulk
Challenger School
Spring Hill, Florida

Mary D. Dube
Burnett Middle School
Seffner, Florida

Sandra Galpin
Adams Middle School
Tampa, Florida

Margaret Henry
Lebanon Junior High School
Lebanon, Ohio

Christina Hill
Beth Shields Middle School
Ruskin, Florida

Judy Johnis
Gorden Burnett Middle School
Seffner, Florida

Karen Y. Johnson
Beth Shields Middle School
Ruskin, Florida

Jane Kemp
Lockhart Elementary School
Tampa, Florida

Denise Kuhling
Adams Middle School
Tampa, Florida

Esther Leonard M.Ed. and L.M.T.
Gifted and Talented Implementation Specialist
San Antonio Independent School District
San Antonio, Texas

Kelly Maharaj
Science Department Chairperson
Challenger K8 School of Science and
 Mathematics
Elgin, Florida

Kevin J. Maser, Ed.D.
H. Frank Carey Jr/Sr High School
Franklin Square, New York

Angie L. Matamoros, Ph.D.
ALM Science Consultant
Weston, Florida

Corey Mayle
Brogden Middle School
Durham, North Carolina

Keith McCarthy
George Washington Middle School
Wayne, New Jersey

Yolanda O. Peña
John F. Kennedy Junior High School
West Valley City, Utah

Kathleen M. Poe
Jacksonville Beach Elementary School
Jacksonville Beach, Florida

Wendy Rauld
Monroe Middle School
Tampa, Florida

Bryna Selig
Gaithersburg Middle School
Gaithersburg, Maryland

Pat (Patricia) Shane, Ph.D.
STEM & ELA Education Consultant
Chapel Hill, North Carolina

Diana Shelton
Burnett Middle School
Seffner, Florida

Nakia Sturrup
Jennings Middle School
Seffner, Florida

Melissa Triebwasser
Walden Lake Elementary
Plant City, Florida

Michele Bubley Wiehagen
Science Coach
Miles Elementary School
Tampa, Florida

Pauline Wilcox
Instructional Science Coach
Fox Chapel Middle School
Spring Hill, Florida

2-PS1-1, 2-PS1-2, K-2-ETS1-1, K-2-ETS1-2

Propiedades de la materia

Misión

En esta actividad de la Misión, conocerás a una ingeniera de juguetes que necesita tu ayuda. Quiere que elijas materiales para un kit de construcción que los niños usarán para construir edificios de juguete.

Como lo hace un ingeniero de juguetes, completarás actividades y laboratorios. Usarás lo que aprendiste en las lecciones para elegir materiales para un modelo de kit de construcción. Luego, puedes intentar armar el kit.

Busca tus actividades de la Misión en las páginas 11, 19, 24 y 32.

La Conexión con la carrera de ingeniero de juguetes está en la página 35.

 ASSESSMENT

 VIDEO

 eTEXT

 INTERACTIVITY

 SCIENCE SONG

 GAME

DOCUMENT

El Texto en línea está disponible en español.

LABORATORIO PRÁCTICO

Tema 2

La materia cambiante

Misión

En esta actividad de la Misión, conocerás a una ingeniera estructural que está construyendo un puente. Quiere que la ayudes a elegir los mejores materiales para el puente.

Como lo hace un ingeniero estructural, completarás actividades y laboratorios. Usarás lo que aprendiste en las lecciones para elegir materiales para un puente. Luego, explicarás tus elecciones en una carta.

Busca tus actividades de la Misión en las páginas 53, 59 y 64.

La Conexión con la carrera de ingeniero estructural está en la página 69.

 ASSESSMENT

 VIDEO

 eTEXT

 INTERACTIVITY

 SCIENCE SONG

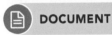 GAME

DOCUMENT

El Texto en línea está disponible en español.

 LABORATORIO PRÁCTICO

Tema 3

2-ESS2-1, 2-ESS2-2, 2-ESS2-3, K-2-ETS1-3

El agua y el terreno en la Tierra

Misión

En esta actividad de la Misión, conocerás a una cartógrafa que necesita tu ayuda. Quiere hacer un mapa para excursionistas que van a una búsqueda del tesoro. Dibujará accidentes geográficos y cuerpos de agua en el mapa.

Como lo hace un cartógrafo, completarás actividades y laboratorios. Usarás lo que aprendiste en las lecciones para diseñar un mapa para excursionistas. Luego, puedes hacer tu propio mapa.

Busca tus actividades de la Misión en las páginas 88, 95 y 102.

La Conexión con la carrera de cartógrafo está en la página 105.

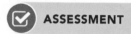 ASSESSMENT

 VIDEO

 eTEXT

 INTERACTIVITY

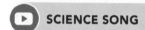 SCIENCE SONG

 GAME

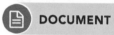 DOCUMENT

El Texto en línea está disponible en español.

LABORATORIO PRÁCTICO

Los procesos de la Tierra

Misión

En esta actividad de la Misión, conocerás a una ingeniera ambiental que necesita tu ayuda. El océano se está llevando poco a poco la línea costera de un pequeño pueblo. Ella quiere diseñar una manera de evitar que esto suceda.

Como lo hace un ingeniero ambiental, completarás actividades y laboratorios. Usarás lo que aprendiste en las lecciones para encontrar una solución para la erosión de la línea costera. Probarás tu solución y compararás tu investigación con los resultados obtenidos en las pruebas de otras soluciones.

Busca tus actividades de la Misión en las páginas 123, 128 y 136.

La Conexión con la carrera de ingeniero ambiental está en la página 141.

 ASSESSMENT

 VIDEO

 eTEXT

 INTERACTIVITY

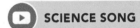 SCIENCE SONG

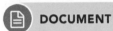 GAME

DOCUMENT

El Texto en línea está disponible en español.

LABORATORIO PRÁCTICO

Las plantas y los animales

Misión

En esta actividad de la Misión, conocerás a un botánico. Necesita ayuda para cuidar de una planta llamada *Rafflesia arnoldii*, o flor cadáver. Quiere que escribas acerca de las maneras de cuidar a la planta.

Como lo hace un botánico, completarás actividades y laboratorios. Usarás lo que aprendiste en las lecciones para hacer una guía para el cuidado de la salud de la flor cadáver.

Busca tus actividades de la Misión en las páginas 161, 166, 172 y 178.

La Conexión con la carrera de botánico está en la página 183.

 ASSESSMENT

 VIDEO

 eTEXT

 INTERACTIVITY

 SCIENCE SONG

 GAME

 DOCUMENT

El Texto en línea está disponible en español.

LABORATORIO PRÁCTICO

Tema 6

Los hábitats

Misión

En esta actividad de la Misión, conocerás a un ecólogo. Quiere que lo ayudes a hacer una presentación para los funcionarios de la ciudad. Quiere que expliques por qué la ciudad debe proteger un hábitat local.

Como lo hace un ecólogo, completarás actividades y laboratorios. Usarás lo que aprendiste en las lecciones para hacer una presentación sobre un hábitat.

Busca tus actividades de la Misión en las páginas 200, 209 y 216.

La Conexión con la carrera de ecólogo está en la página 219.

 ASSESSMENT

 VIDEO

 eTEXT

 INTERACTIVITY

 SCIENCE SONG

 GAME

 DOCUMENT

El Texto en línea está disponible en español.

Pregunta esencial

LABORATORIO PRÁCTICO

Eleva tu conocimiento

Elevar las ciencias eleva la ciencia a otro nivel y te hace ser dueño de tu aprendizaje. Explora el mundo que te rodea a través de la ciencia. Investiga cómo funcionan las cosas. Piensa críticamente y resuelve problemas. *Elevar las ciencias* te ayuda a pensar como un científico, para que estés preparado para un mundo de descubrimientos.

Explora el mundo

Explora escenarios de la vida de todo el mundo a través de Misiones que te hacen profundizar en los temas científicos. Puedes:

- Resolver problemas reales
- Aplicar destrezas y conocimientos
- Comunicar soluciones

Misión Arranque

Encuentra a los padres

¿Qué pistas nos ayudan a encontrar a los padres de las crías?

¡Hola! Soy la señorita Swift. Soy una científica de la naturaleza. Ayudo a cuidar

Haz conexiones

Elevar las ciencias conecta la ciencia con otras materias y te muestra cómo entender mejor el mundo a través de:

- Las matemáticas
- La lectura y escritura
- El conocimiento

Lectura
▸ Herramientas

Idea principal y detalles
La idea principal es que todos los seres vivos crecen y cambian. Usa los detalles para decir cómo cambia una planta de sandía durante su ciclo

Matemáticas
▸ Herramientas

Comparar números
Puedes comparar el largo de los objetos. Los conejos adultos tienen orejas más largas que los conejos jóvenes. Usa cubos para medir la longitud de dos objetos de la clase. ¿Cuál es más largo?

Conectar conceptos ▸ Herramientas

Patrones La naturaleza tiene muchos patrones. Un **patrón** es algo que se repite. Los padres protegen a sus hijos. Usan sus cuerpos para protegerlos. ¿Qué patrones ves en estas dos páginas?

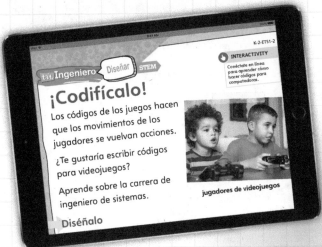

jugadores de videojuegos

Desarrolla destrezas para el futuro

- Domina el proceso de diseño de ingeniería
- Emplea el pensamiento crítico y las destrezas analíticas
- Conoce las carreras en ciencias, tecnología, ingeniería y matemáticas (STEM)

Enfócate en las destrezas de lectura

Elevar las ciencias crea conexiones con la lectura que te ayudan a desarrollar las destrezas que necesitas para tener éxito. Algunos recursos son:

- Leveled Readers
- Conexiones con la lectura
- Revisiones de lectura

Conexión con la lectura

Idea principal y detalles

Los científicos de la naturaleza observan los animales. Lee sobre los gansos y sus hijos.

La idea principal es de lo que se trata el texto. Los detalles hablan de la idea principal.

Los gansos y sus hijos

Entra a la zona de laboratorios

Los experimentos en los laboratorios prácticos y virtuales te ayudan a probar tus ideas, y las evaluaciones te ayudan a mostrar lo que sabes. Los laboratorios incluyen:

- STEM Labs
- Design Your Own
- Open-ended Labs

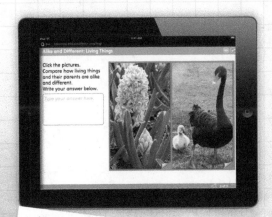

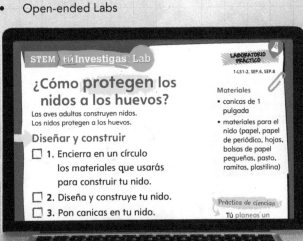

¿Cómo protegen los nidos a los huevos?

Las aves adultas construyen nidos.
Los nidos protegen a los huevos.

Diseñar y construir

☐ 1. Encierra en un círculo los materiales que usarás para construir tu nido.

☐ 2. Diseña y construye tu nido.

☐ 3. Pon canicas en tu nido.

Materiales
- canicas de 1 pulgada
- materiales para el nido (papel, papel de periódico, hojas, bolsas de papel pequeñas, pasto, ramitas, plastilina)

Práctica de ciencias
Tú planeas un diseño antes de construir algo.

⚠️ Lávate las manos cuando termines.

Propiedades de la materia

Estándares de Ciencias para la Próxima Generación

2-PS1-1 Planear y realizar una investigación para describir y clasificar diferentes tipos de materiales según sus propiedades observables.

2-PS1-2 Analizar los datos obtenidos de las pruebas realizadas en diferentes materiales para determinar qué materiales tienen las propiedades más adecuadas para un propósito determinado.

K-2-ETS1-1 Hacer preguntas y observaciones y reunir información acerca de una situación que las personas quieran cambiar, con el fin de definir un problema sencillo que se pueda resolver por medio del desarrollo de un objeto o una herramienta nueva o mejorada.

K-2-ETS1-2 Desarrollar un bosquejo, dibujo o modelo físico sencillo para ilustrar cómo la forma de un objeto ayuda a que funcione de la manera adecuada para resolver un problema determinado.

Pregunta esencial ¿Cómo se pueden usar diferentes materiales?

Muestra lo que sabes

Mira la imagen. ¿Cómo se pueden usar los materiales?

Kit para construir juguetes

¿Por qué usamos diferentes materiales para un kit de juguetes?

¡Hola! Soy la Dra. Ayashi. Soy ingeniera de juguetes. Estudio materiales para hacer juguetes. También pruebo los juguetes. Quiero que sean seguros. Quiero que duren mucho tiempo.

Tengo que diseñar un kit para hacer modelos de edificios. Ayúdame a elegir los objetos del kit. Observa y prueba los objetos. Registra tus observaciones en una tabla. En el camino están las actividades de la Misión que completarás a lo largo de este tema. Al completar cada actividad, marca tu progreso para indicar que es una MISIÓN CUMPLIDA ✓.

Misión Control 1

Lección 1 ■

Usa lo que aprendiste para clasificar objetos como sólidos, líquidos o gases. Decide si los objetos sirven para construir.

Estándares de Ciencias para la Próxima Generación

2-PS1-2 Analizar los datos obtenidos de las pruebas realizadas en diferentes materiales para determinar qué materiales tienen las propiedades más adecuadas para un propósito determinado.

K-2-ETS1-1 Hacer preguntas y observaciones y reunir información acerca de una situación que las personas quieran cambiar, con el fin de definir un problema sencillo que se pueda resolver por medio del desarrollo de un objeto o una herramienta nueva o mejorada.

▶ VIDEO

Ve un video sobre un
ingeniero de juguetes.

Misión Control: Lab 3

Lesson 3 ◆

Usa lo que aprendiste
sobre las propiedades de los
bloques para construir algo.

Misión Control 2

Lección 2 ●

Usa lo que aprendiste sobre
las propiedades de la materia.
Observa y clasifica los bloques
para construir.

Misión Control 4

Lección 4 ▲

Usa lo que aprendiste sobre
los líquidos y los gases.
Explica si podrías usar
líquidos y gases en el kit.

Misión Hallazgos

¡Termina la Misión! Usa tu tabla.
Describe qué materiales incluirías
en el kit para construir juguetes.

¿Qué objeto es más grande?

Los ingenieros observan los materiales que usan. También los miden. ¿Cómo sabes que un objeto es más grande que otro?

Procedimiento

☐ **1.** Mira dos objetos. Piensa cómo podrías mostrar cuál es más grande. Haz un plan para investigar.

☐ **2.** Mide los objetos. **Reúne datos.**

Materiales
- dos objetos

Materiales recomendados
- regla
- bloques conectables
- clips

Práctica de ciencias

Tú mides para reunir datos.

Observaciones	

Analizar e interpretar datos

3. Encierra en un círculo los datos que muestran qué objeto es más grande. Subraya los datos que muestran qué objeto es más pequeño.

4. Di cómo sabes qué objeto es más grande.

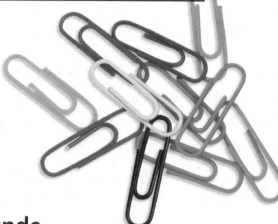

Causa y efecto

 GAME

Practica lo que aprendiste con los Mini Games.

A veces los ingenieros tienen que hacer pruebas con los materiales. Una prueba puede incluir un imán. Lee sobre las causas y efectos de usar imanes sobre distintos materiales.

Una causa hace que algo pase.
Un efecto es el resultado.

Imanes

Puedes probar si los materiales son magnéticos. Los materiales son magnéticos si un imán los empuja o los jala. Pon un imán en el respaldo de una silla de plástico. El imán no se pega. Ahora, pon el imán en la pata de metal de la silla. ¡El imán se pega a la pata de la silla! La pata de metal es magnética. El respaldo de plástico no.

☑ **Revisar la lectura** Causa y efecto

Subraya lo que hace que un imán se pegue. Encierra en un círculo el efecto del plástico en el imán.

silla de plástico con patas de metal

Describir la materia

Vocabulario

materia

sólido

líquido

gas

propiedades

Puedo distinguir entre un sólido, un líquido y un gas.

2-PS1-1

¡En marcha!

Mira a tu alrededor. ¿Qué objetos ves? Describe un objeto a un compañero. Pídele que adivine qué objeto es.

túInvestigas Lab

LABORATORIO PRÁCTICO

2-PS1-1, SEP.3

¿En qué se **diferencian?**

Los científicos de la vida clasifican las plantas y los animales por sus características. ¿Cómo puedes clasificar objetos?

Procedimiento

☐ 1. **Observa** seis objetos.

☐ 2. Clasifica los objetos de tres maneras distintas, por lo menos. Usa las características de los objetos para decidir.

Analizar e interpretar datos

3. ¿Cómo clasificaste los objetos?

_____

_____

_____

4. ¿Cómo clasificaron los objetos los otros grupos?

_____

_____

_____

Materiales recomendados

- vaso
- libro
- borrador
- calculadora
- pelota
- agua
- imán
- letras

Práctica de ciencias

Tú **observas** cuando miras algo con atención.

Materia en todas partes

▶ VIDEO

Ve un video sobre cómo se describe la materia.

Mira a tu alrededor. Todo lo que puedes ver, tocar u oler está hecho de materia. La **materia** es cualquier cosa que tenga peso y ocupe espacio. Un escritorio está hecho de materia. Una silla está hecha de materia. Todo está hecho de materia, aunque no puedas verla.

Para describir la materia, observamos sus propiedades. Las **propiedades** son los rasgos o características de un objeto. El color, la forma y el tamaño son propiedades.

pintura

Identificar Encierra en un círculo la materia que es azul.

Explicar ¿Cómo sabes si algo es materia?

Tipos de materia

Un **sólido** es materia con tamaño y forma propios. Un **líquido** es materia que no tiene forma propia. Un **gas** es materia que no tiene ni forma ni tamaño propios. Los líquidos y los gases toman la forma de los recipientes que los contienen.

Las pelotas son todas sólidas. Algunas están hechas de goma, de plástico o de tela. Algunas de las pelotas están llenas de aire. El aire está hecho de gases.

Observar Mira las pelotas de las imágenes. Encierra en un círculo la pelota más grande. Marca con una X la pelota más pequeña.

✓ **Revisar la lectura** Causa y efecto

Alguien está inflando una pelota. Di qué efecto crees que tiene esto sobre la forma de la pelota.

INTERACTIVITY

Haz una actividad sobre la clasificación de la materia.

pelota de fútbol

pelota de tenis

pelota de fútbol americano

pelota de básquetbol

Describir la materia

Puedes observar algunas propiedades con tus sentidos. Puedes medir otras propiedades.

Piensa en el agua líquida y el agua congelada. El agua es un líquido. Un cubo de hielo es agua congelada. Es un sólido. El cubo de hielo está frío. El agua líquida puede estar fría, tibia o caliente. Puedes medir sus temperaturas.

Lectura
▶ Herramientas

Causa y efecto Si congelas agua, ¿cuál es el efecto? ¿Qué causaría que un cubo de hielo vuelva a ser líquido?

Misión Conexión

¿Podrías usar cubos de hielo para construir una casa de juguete en una habitación cálida? ¿Por qué?

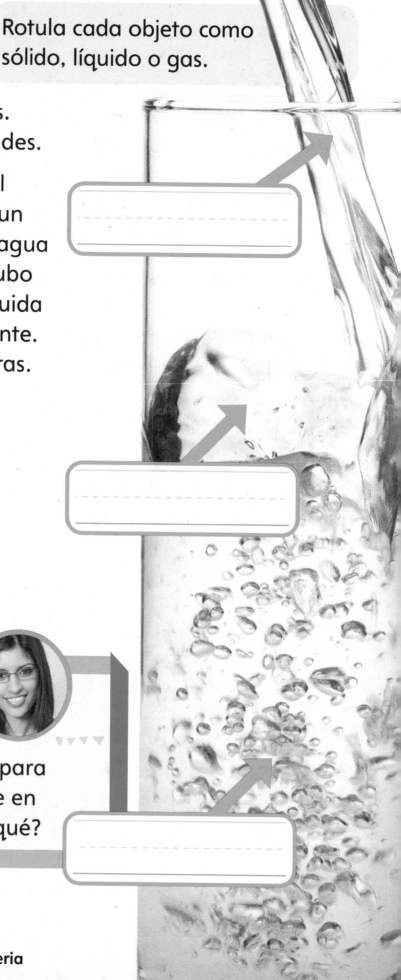

Rotula cada objeto como sólido, líquido o gas.

Construir con sólidos, líquidos y gases

Algunos objetos sirven más que otros para un trabajo. Puedes observar las propiedades de un objeto. Puedes ver si el objeto serviría para un trabajo.

Objeto			
Tipo de materia			
Propiedades			
Útil para construir			

Reunir datos Clasifica objetos como sólidos, líquidos o gases. Anota tus datos en la tabla. ¿Qué objetos pondrías en el kit? ¿Por qué?

tú, Ingeniero — Hacer modelos — STEM

▶ VIDEO

Ve un video acerca de ingenieros que diseñan herramientas.

¡Diseña un cascanueces!

Los cascanueces son herramientas.
Las personas usan cascanueces para abrir
las cáscaras duras de las nueces.

Algunos animales también comen nueces.
Las herramientas que usan pueden ser
parte de su cuerpo. Las aves usan el pico.
Las ardillas usan los dientes. Algunos
animales golpean las nueces para abrirlas.
Otros dejan caer las nueces desde las
alturas para abrirlas.

Mira las imágenes de estos animales.

ardilla terrestre

loro

Comen nueces y semillas duras.
¿Qué tienen de especial sus bocas?

Haz un modelo

Los cascanueces suelen hacerse con materiales duros y fuertes. Tienen que ser fáciles de sostener. Tienen que ser suficientemente duros como para romper una nuez. ¿Cómo puedes hacer un cascanueces inspirándote en los animales?

☐ Dibuja el diseño de tu cascanueces.

☐ Rotula los materiales usados en cada parte del cascanueces.

☐ Comparte tu diseño. Compáralo con otro diseño.

☐ Di cómo podrías mejorar tu diseño.

Las propiedades de la materia

Vocabulario

peso

textura

magnético

flexibilidad

dureza

Puedo describir la materia por sus propiedades.

2-PS1-1

¡En marcha!

Mira la represa. ¿Qué es lo que frena el flujo del agua? Coméntalo con un compañero.

LABORATORIO PRÁCTICO
2-PS1-2, K-2-ETS1-2, SEP.2

¿Qué pueden enseñar los castores a los ingenieros?

Los ingenieros pueden aprender de la naturaleza. Los castores construyen represas para cambiar el flujo del agua. Los ingenieros también construyen represas. ¿Cómo puedes cambiar la forma en que fluye el agua?

Materiales

- recipiente de plástico
- agua

Materiales recomendados

- palillos de manualidades
- pegamento
- plastilina
- limpiapipas

Diseñar y construir

☐ **1.** **Haz un modelo** de una represa que frene el agua. Elige tus materiales.

☐ **2.** Diseña tu represa. Constrúyela en el recipiente de plástico.

☐ **3.** Ponla a prueba volcando agua en uno de los lados.

Práctica de ingeniería

Tú haces un modelo para mostrar cómo funciona algo.

Evaluar el diseño

4. ¿Qué tan bien pudo frenar el agua tu represa?

_____

_____

5. Compara tu represa con las de tus compañeros. Di qué propiedades de la materia son buenas para construir una represa.

Medir las propiedades

Muchas propiedades pueden medirse. Los científicos miden con exactitud. Por ejemplo, puedes medir la temperatura y el peso. El **peso** es qué tan pesado es un objeto.

▶ VIDEO

Ve un video sobre las propiedades de la materia.

medir naranjas

mercado de granjeros

Observar propiedades

Puedes observar el tamaño, el color y la forma de un objeto. La textura es otra propiedad. La **textura** es cómo se siente algo al tacto. Un objeto puede ser suave, liso, áspero o disparejo. Algunas texturas se pueden ver.

Conectar conceptos
▸ Herramientas

Patrones Puedes observar formas comunes en la naturaleza. Mira la imagen. Encierra en un círculo dos formas que sean parecidas.

Comprensión visual Mira la imagen. Usa las propiedades de la materia para describir lo que ves.

Contrastar Di en qué se diferencian las texturas de las frutas y las verduras.

Probar propiedades

Algunos metales son magnéticos. Un objeto que puede ser empujado o jalado por un imán es **magnético**.

Puedes probar si un objeto se hunde o flota. Un objeto flota si tiene aire dentro o si es liviano y tiene una gran superficie.

INTERACTIVITY

Haz una actividad para identificar propiedades de la materia.

☑ **Revisar la lectura** Causa y efecto

Subraya lo que hace flotar a un objeto.

Es posible que también tengas que probar la flexibilidad. La materia que tiene **flexibilidad** se puede doblar. Si un objeto puede rayar la superficie de otro objeto, es más duro que ese objeto. La **dureza** es una propiedad que dice qué tan duro o sólido es un objeto comparado con otros objetos.

objetos que flotan y objetos que se hunden

Misión Conexión

¿La flexibilidad es una de las propiedades de un bloque para construir? ¿Por qué?

Observar, medir, probar

Algunas propiedades se pueden observar. Otras se tienen que medir o probar.

Mira la imagen de los bloques. ¿Qué propiedades puedes observar?

Reunir datos Di tres propiedades de los bloques que sean buenas razones para incluirlos en el kit. Agrega tus datos a la tabla.

Medir y probar las propiedades de los bloques	
Propiedades	Cómo medir o probar propiedades

Usos de los sólidos

Vocabulario

propósito

Puedo investigar cómo las propiedades de algunos sólidos hacen que sean útiles.

_____

2-PS1-2

¡En marcha!

Piensa en un objeto sólido que uses en tu casa. Muestra cómo se usa el objeto. No digas nada. Pide a un compañero que adivine qué objeto es. ¿Qué pistas usó tu compañero?

¿En qué recipiente entran los bloques?

Los ingenieros estudian las propiedades de un material para saber cómo usarlo. ¿Qué propiedades de un sólido puedes usar como ayuda para decidir qué recipiente usar?

Materiales

- diez bloques para construir
- cajas de cartón grandes y pequeñas
- bolsas de plástico grandes y pequeñas

Procedimiento

☐ 1. **Observa** el tamaño y la forma que tienen los diez bloques juntos.

☐ 2. **Predice** en qué recipiente entran todos los bloques. Predice si los bloques cambiarán de forma cuando entren en el recipiente.

☐ 3. Pon a prueba tu predicción.

Práctica de ciencias

Tú **observas** cuando miras algo con atención.

Analizar e interpretar datos

4. ¿En qué recipiente entran mejor los bloques?

_____

_ _ _ _ _ _ _ _ _ _ _ _ _ _ _ _ _ _

5. ¿Cómo sabes que los bloques son sólidos?

_____

_____

Los usos de los sólidos

▶ **VIDEO**

Ve un video sobre el uso de los sólidos.

Cuando se construye una casa, cada material tiene un propósito. Un **propósito** es el uso que se da a un objeto. La madera se usa para la estructura de las paredes y el techo. Pueden usarse ladrillos para que no pasen el viento, el calor o el aire frío. Si usas ladrillos para el techo, ¡podría caerse! Puedes medir los materiales para saber la cantidad que necesitas.

☑ **Revisar la lectura** Causa y efecto Subraya el efecto que podrían tener los ladrillos pesados sobre el techo de una casa.

Sólidos de la vida diaria

Las personas usan sólidos todos los días. Usas un vaso sólido para tomar algo. Usas un plato sólido para comer. Juegas con juguetes sólidos.

Los sólidos tienen muchas formas y tamaños. Pueden estar hechos de distintos materiales. Pueden ser de vidrio, de metal, de plástico o de concreto. A veces los sólidos están hechos de más de un material.

Identificar Di qué materiales se usaron en esta casa. ¿Por qué son materiales buenos para ese trabajo?

👆 **INTERACTIVITY**

Haz una actividad sobre construcción con sólidos.

Matemáticas ▸ Herramientas 🔧

Medir objetos
Di dos maneras en las que puedas medir un sólido como tu silla o tu escritorio.
Mide uno de esos objetos. Compara tus resultados con los de un compañero.

Misión Conexión

¿Qué sólidos incluirías en tu kit para construir juguetes?

¿Cómo usas las **f o r m a s** para construir?

Es hora de diseñar una solución para construir con formas. Tenemos que hacer un plan y elegir los materiales correctos. ¿Qué materiales usaremos en el kit?

Materiales

- bloques para construir de distintos tamaños y formas

Práctica de ingeniería

Los ingenieros **diseñan una solución** a un problema o pregunta haciendo un plan y eligiendo los materiales correctos.

Diseñar y construir

☐ **1.** Identifica qué bloques podrían servir para construir una casa. Descríbelos en la tabla.

☐ **2.** **Diseña una solución** para lo que vas a construir con los bloques.

☐ **3.** Piensa en otras dos estructuras que alguien podría querer construir con bloques de juguete. Anótalas en la tabla.

☐ **4.** Construye las estructuras. Presta atención a los bloques que usaste.

Estructura	Bloques usados
Casa	

Evaluar el diseño

5. ¿Cómo elegiste los materiales para tu diseño de solución?

_____

6. ¿Cuál era el propósito de los distintos bloques?

_____

Usos de los líquidos y los gases

Vocabulario

estado

Puedo investigar cómo las propiedades de algunos líquidos y gases hacen que sean útiles.

2-PS1-2

¡En marcha!

Piensa en el gas en forma de viento, en tu aliento y en el aire que nos rodea. Haz un dibujo que muestre distintas formas en las que usamos los gases.

¿Cómo puedes hacer una burbuja más grande?

Los científicos estudian los líquidos y los gases. ¿Cómo crees que afectará el tamaño de una burbuja la cantidad de jabón en comparación con la cantidad de agua?

Materiales

- agua
- jabón líquido
- burbujeros
- cilindro graduado
- 3 vasos de plástico

Procedimiento

1. ¿Qué sabes acerca de las burbujas? Predice si usar más o menos jabón permite hacer una burbuja más grande.

2. Haz un plan para probar tu predicción. Usa todos los materiales.

3. Muestra tu plan a tu maestro. Haz tu prueba. **Reúne datos.**

Práctica de ciencias

Los científicos reúnen datos cuando investigan una pregunta.

Observaciones			
Número de prueba	Cantidad de agua	Cantidad de jabón	Resultados
1			
2			
3			

Analizar e interpretar datos

4. Di si tus observaciones respaldaron tu predicción.

Las formas de los líquidos y los gases

Los líquidos y los gases no tienen forma. Toman la forma del recipiente que los contiene. Cambian de forma si el recipiente cambia.

> ☑ **Revisar la lectura** Causa y efecto ¿Qué determina la forma de un líquido?
>
> _____
>
> _____
>
> _____

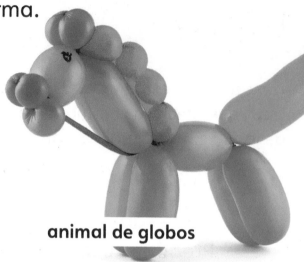

animal de globos

El aire del salón de clases está hecho de gases. Toma la forma de tu salón de clases. El aire de las ruedas de las bicicletas tiene la misma forma que las ruedas. Observa el animal de globos. Está lleno de gas.

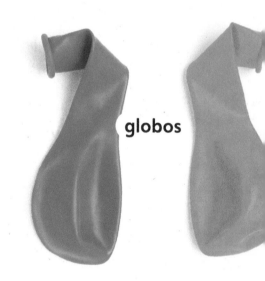

globos

Misión Conexión

¿Puedes usar un líquido o un gas para construir una casa? ¿Por qué?

Los estados de la materia

Sabes que el agua puede ser líquida o sólida. El agua también puede ser un gas. El agua cuando es un gas se llama vapor de agua. No puedes ver el vapor de agua. Sólido, líquido y gas son estados de la materia. Un **estado** de la materia es una forma de una materia.

▶ VIDEO

Mira un video sobre el uso de líquidos y gases.

crayones de cera derretidos

Identificar Subraya los tres estados del agua. Encierra en un círculo el nombre del estado de gas del agua.

crayones de cera

Conectar conceptos ▸ Herramientas

Construir explicaciones ¿Por qué crees que usamos gases en lugar de líquidos dentro de las pelotas y los neumáticos?

Medir líquidos

Puedes medir cuánto espacio ocupa un líquido o un gas.

Puedes medir líquidos usando recipientes. Vierte un líquido en un recipiente. El líquido siempre ocupa el mismo espacio. Los instrumentos de medición hacen que sea fácil medir los líquidos.

Identificar Subraya lo que pasa con un líquido cuando lo viertes en un recipiente.

INTERACTIVITY

Haz una actividad sobre el uso de líquidos y gases.

Observar Di que recipiente tiene más agua.

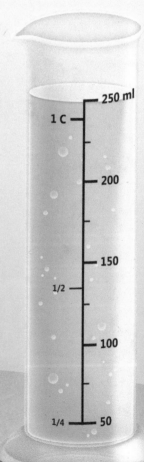

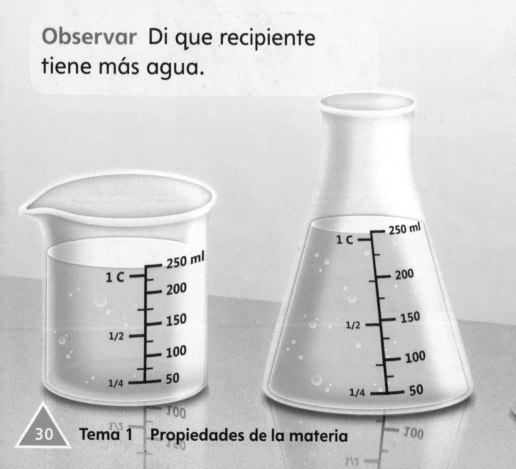

Usos de los líquidos y los gases en la vida diaria

Hay líquido en la comida que comemos. Tomamos agua. También cocinamos y lavamos con agua. ¡Tu cuerpo está hecho principalmente de agua! El agua te ayuda a moverte y a mantenerte sin frío. Otro líquido importante es la gasolina. Usamos gasolina en los carros para movernos. Los camiones, los barcos y los aviones usan gasolina para transportar cosas que necesitamos.

camión de transporte de alimentos

Identificar Encierra en un círculo una manera de usar un líquido.

El aire contiene distintos gases. El oxígeno es uno de los gases del aire. Lo necesitas para respirar. Muchos hogares usan gas natural para la calefacción y para cocinar. Si ves una llama en tu horno o en una estufa, entonces tu hogar usa gas natural.

estufa con gas natural

Identificar Subraya una manera de usar un gas.

Juguetes de líquidos y gases

Estás casi listo para hacer tu kit para construir juguetes. Ya probaste distintos sólidos. Ahora piensa en los otros estados de la materia. ¡Sé creativo!

Explicar ¿De qué maneras podrías usar líquidos y gases en el kit?

Medir la temperatura

Un termómetro mide la temperatura.
Existen muchos tipos de termómetros.
Algunos son digitales. Algunos tienen
dentro un líquido llamado alcohol.
A medida que la temperatura sube, el
alcohol se expande, es decir, se agranda.
El alcohol sube dentro del termómetro
cuando aumenta la temperatura.

Lee la temperatura de cada
termómetro. Anota las
temperaturas en los recuadros.

🖐 **INTERACTIVITY**

Aplica lo que aprendiste en la Misión.

Kit para construir juguetes

¿Por qué usamos diferentes materiales para un kit de juguetes?

Vuelve a mirar tu tabla. Elige los mejores materiales para el kit para construir modelos de edificios.

Muestra lo que encontraste

Identifica qué materiales van en el kit. Puedes hacer una lista de los objetos o dibujarlos. Intenta armar el kit. Recuerda incluir todos los materiales de embalaje. ¿En qué se parecen los objetos del kit? ¿En qué se diferencian? ¿Qué propiedades de los objetos hacen que sean útiles para construir?

Ingeniero de juguetes

Los ingenieros de juguetes hacen juguetes. A menudo trabajan en un equipo. Su trabajo es hacer que cada juguete sea lo mejor posible. Prueban los juguetes para saber si son seguros. Hacen que los juguetes sean fáciles de construir. Eligen los mejores materiales para cada tipo de juguete. Algunos usan computadoras para diseñar o probar los juguetes. Otros trabajan en la fábrica de juguetes.

Los ingenieros de juguetes prestan atención a los materiales. Observan las propiedades de los materiales para mejorar los juguetes.

¿Por qué es un trabajo importante?

_____

_____

_____

_____

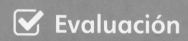

Pregunta esencial ¿Cómo se pueden usar diferentes materiales?

Muestra lo que aprendiste

Di a un compañero cómo puedes usar un sólido, un líquido y un gas para ciertas tareas.

1. ¿Cuáles son tres estados de la materia?

1. _____
   _____
   _____

2. _____
   _____
   _____

3. _____
   _____

2. ¿Cómo describirías las propiedades de esta pelota?

   a. grande, lisa, azul
   b. pequeña, dispareja, verde
   c. grande, dispareja, anaranjada
   d. pequeña, suave, anaranjada

3. ¿Qué material usarías para cada trabajo?
Une con una línea el trabajo y el material.

a. llenar una piscina   aire

b. construir una casa   cubo de hielo

c. inflar un globo de cumpleaños   agua

d. enfriar un vaso de limonada   madera

4. Mira la imagen. Encierra en un círculo
un ejemplo de un líquido. Marca con una X
un gas. Encierra en un cuadrado un sólido.

5. Describe la forma de un sólido,
un líquido y un gas.

_____

_____

_____

_____

Lee esta situación y responde las preguntas 1 a 4.

¡Una clase está haciendo una fiesta en la escuela! Tienen globos de todos los colores. Los niños participan de juegos. El maestro pone agua en una gran cubeta. Pone juguetes en ella para jugar. Sobre el agua hay un pato amarillo de juguete. En el fondo del agua hay una rana verde de juguete.

Max prepara limonada para la fiesta. Sirve agua en un vaso. Luego le agrega una rodaja de limón. Los niños también tienen buenas cosas para comer.

1. Rita observa los juguetes en la cubeta de agua. ¿Cuál de las siguientes opciones es una propiedad del pato de juguete en la cubeta?
   a. Es un líquido.
   b. Flota.
   c. Es verde.
   d. Se hunde.

2. Los niños juegan con los globos. Un globo explota. Escribe lo que sucede con gas del interior del globo.

_____

_____

_____

_____

_____

_____

_____

3. ¿Cuál de los siguientes cambia de forma cuando Max hace la limonada?

    a. el vaso

    b. el limón

    c. el agua

    d. Max

4. Sarah observa dos de los juguetes. Uno es suave y liso. El otro es áspero e irregular.
Encierra en un círculo la palabra que complete correctamente la oración.

el tamaño	el color	la textura	el peso

Sarah observa _____ de los juguetes.

¿Qué hace que algo se hunda o flote?

Materiales
- recipiente
- agua

Materiales recomendados
- clips
- corchos
- borradores
- palillos de manualidades
- hojas de papel de aluminio
- globos pequeños
- plastilina

Los ingenieros de botes reúnen datos para saber si los materiales se hunden o flotan antes de construir un bote. ¿Cómo puedes reunir datos para decir qué objetos se hunden o flotan?

Procedimiento

☐ 1. Elige y observa cuatro objetos. Predice si cada objeto se hundirá o flotará.

☐ 2. Haz un plan para probar cada objeto. Muestra tu plan a tu maestro.

☐ 3. Haz la prueba. **Reúne datos** en la tabla.

Práctica de ciencias

Los científicos **reúnen datos** cuando investigan una pregunta.

Observaciones

Objeto	Propiedades observadas	¿Se hunde o flota?

Analizar e interpretar datos

4. Explicar ¿Por qué algunos objetos flotan y otros se hunden?

_____

- -

_____

5. Predecir Decide si alguno de los objetos que no probaste flota o se hunde. ¿Cómo sabes si flotará o se hundirá?

_____

- -

_____

- -

_____

La materia cambiante

Lección 1 Observar los cambios de la materia

Lección 2 La temperatura y la materia

Lección 3 La materia en los objetos

Estándares de Ciencias para la Próxima Generación

2-PS1-1 Planear y realizar una investigación para describir y clasificar diferentes tipos de materiales según sus propiedades observables.

2-PS1-3 Hacer observaciones para crear un informe basado en evidencia acerca de cómo un objeto formado por un conjunto pequeño de piezas se puede desarmar y convertir en un nuevo objeto.

2-PS1-4 Crear un argumento con evidencia de que algunos cambios provocados por el calor o el frío se pueden revertir y algunos no.

ASSESSMENT

VIDEO

eTEXT

INTERACTIVITY

SCIENCE SONG

GAME

El Texto en línea está disponible en español.

Pregunta esencial ¿Cómo cambias los materiales?

Muestra lo que sabes

Mira la foto. Di cómo está cambiando el hielo.

Construir puentes

¿Cuáles son los mejores materiales para construir un puente?

¡Hola! Soy la señora Kuan. Soy ingeniera. Estoy trabajando en una construcción. Estamos construyendo algunos edificios altos. Tenemos que construir un puente que va a conectar distintas partes de la obra.

El puente tiene que ser resistente para poder transportar personas y camiones. Se va a usar en verano y en invierno. A veces se va a usar con viento muy fuerte. Ayúdame a encontrar los mejores materiales para construir el mejor puente para este trabajo. En el camino están las actividades de la Misión que completarás a lo largo de este tema. Al completar cada actividad, marca tu progreso para indicar que es una **MISIÓN CUMPLIDA** ✓ .

Misión Control

Lección 1

Usa lo que aprendiste para identificar los cambios de la materia.

Estándares de Ciencias para la Próxima Generación

2-PS1-3 Hacer observaciones para crear un informe basado en evidencia acerca de cómo un objeto formado por un conjunto pequeño de piezas se puede desarmar y convertir en un nuevo objeto.

2-PS1-4 Crear un argumento con evidencia de que algunos cambios provocados por el calor o el frío se pueden revertir y algunos no.

▶ VIDEO

Ve un video sobre la construcción de puentes.

Misión Control 2

Lección 2 ●

Usa lo que aprendiste para decir cómo cambia la materia cuando se calienta y se enfría.

Misión Control: Lab 3

Lección 3 ◆

Usa lo que aprendiste para hacer un objeto grande a partir de muchos objetos más pequeños.

Misión Hallazgos

¡Termina la Misión! Escribe una carta que describa los mejores materiales para construir un puente.

Misión: Arranque

LABORATORIO PRÁCTICO

2-PS1-3, SEP.6

¿Cómo puedes usar todos los materiales?

Los ingenieros usan una lista de materiales para construir una estructura. ¿Qué podrías construir usando todos los materiales?

Diseñar una solución

☐ **1.** Usa todos los materiales para construir una estructura. Haz un plan.

☐ **2.** Construye tu estructura.

☐ **3.** Intercambia tu estructura con otro grupo. **Haz observaciones.**

Evaluar diseños

4. Explicar Di en qué se parece y en qué se diferencia tu estructura de las demás.

5. Explicar Di cómo los demás grupos usaron los mismos materiales para construir una estructura diferente.

Materiales

- tubos de cartón
- pedazos de cartón
- palillos de manualidades
- palillos de dientes
- pegamento
- cinta adhesiva
- clips
- tijeras

 Ten cuidado cuando uses las tijeras.

Práctica de ingeniería

Tú **haces observaciones** para reunir evidencia y construir explicaciones.

Secuencia

Los científicos deben seguir los pasos de una secuencia para hacer un trabajo. La **secuencia** es el orden de los pasos.

GAME

Practica lo que aprendiste con los Mini Games.

Un bocadillo helado

Esta es la receta para hacer paletas de jugo. Primero, consigue un poco de fruta. Después, pide a un adulto que corte la fruta en trozos pequeños. Luego, pon los trozos de fruta en la licuadora. Mira cómo la licuadora convierte la fruta en jugo. Vierte el jugo en un molde para cubos de hielo. Por último, pon el molde en el congelador. Después de 4 a 6 horas, tendrás paletas de jugo congelado.

☑ **Revisar la lectura** Secuencia Subraya la oración con la palabra "Primero". Encierra en un círculo un paso que venga después. Encierra en un cuadrado el último paso.

¿Por qué es importante seguir la secuencia en una receta?

_____

_____

Observar los cambios de la materia

Vocabulario

materia

Puedo explorar distintas formas en las que puede cambiar la materia.

2-PS1-1

¡En marcha!

Toma un papel. Haz un cambio en el papel. ¿Puedes deshacer el cambio?

¿Cómo puedes *cambiar* los objetos?

Los científicos observan cómo se pueden hacer cambios en los objetos. ¿De cuántas maneras puedes cambiar algo?

Procedimiento

☐ 1. Usa los materiales. Haz un plan para hacer al menos tres cambios.

☐ 2. Muestra el plan a tu maestro.

☐ 3. Sigue tu plan. Haz observaciones.

Materiales

- plastilina
- 3 a 5 gotas de colorante vegetal
- guantes de plástico

⚠ Usa los guantes de plástico.

Práctica de ciencias

Tú **construyes explicaciones** cuando usas la evidencia de tus observaciones.

Analizar e interpretar datos

4. **Explicar** Di si hiciste cambios que se puedan deshacer. ¿Cuáles fueron?

5. **Explicar** Di si hiciste cambios que no se puedan deshacer. ¿Cuáles fueron?

La materia puede cambiar

Piensa en la acera de la escuela. La acera está hecha de materia. La **materia** es todo lo que ocupa espacio. La acera es un sólido, pero está hecha de tres tipos de materia, entre los que está el agua líquida.

Esta es la forma de construir una acera. Primero, se toman tres ingredientes: agua, arena y cemento. Después, se mezclan la arena y el cemento. Luego, se agrega el agua lentamente hasta que la mezcla casi no pueda revolverse. Ahora, esos ingredientes son algo que se llama concreto. Por último, el concreto se puede verter para formar la acera.

☑ **Revisar la lectura** Secuencia Subraya lo primero que debes hacer para construir una acera.

Misión Conexión

▼▼▼▼▼▼▼▼▼▼▼▼▼▼▼▼▼▼▼   ▼▼▼▼

Di cómo los materiales que usas para construir un puente definen qué propiedades tiene el puente.

Puedes cambiar la materia

A veces puedes cambiar las características de la materia. Puedes cambiar la materia sólida cortándola, doblándola y plegándola. Puedes cambiar la materia desgarrándola, desarmándola y rompiéndola. Cuando tomas una bola de plastilina y haces una forma de animal, cambias las características de la plastilina. Puedes hacer que la plastilina vuelva a su forma original.

Se usan grandes máquinas para mezclar y verter el concreto para hacer una acera.

La materia cambia de muchas maneras

Puedes hacer jugo con naranjas frescas. Puedes convertir la fruta sólida en un líquido. ¡Pero no puedes hacer que el jugo vuelva a ser una naranja! La materia no cambia siempre de la misma manera. A veces puedes deshacer el cambio que hiciste y otras veces, no.

Haces un cambio en la materia. El objeto que cambiaste se ve distinto de su forma original. Un pedazo plano de papel puede usarse para escribir o colorear. Si armas un animal de papel, el papel se ve completamente distinto. El animal de papel también tiene otro propósito. Juegas con el animal, no lo usas para escribir.

La materia puede cambiar

Mira las fotos. Cada foto muestra cómo puede cambiar la materia. A veces puedes hacer que la materia vuelva a ser como era. A veces no.

Actividad interactiva Encierra en un círculo los cambios que puedes deshacer. Marca con una X los cambios que no puedes deshacer.

La temperatura y la materia

Puedo explicar si un cambio provocado al calentar o enfriar la materia es reversible.

Puedo explicar si un cambio provocado al calentar o enfriar la materia no es reversible.

2-PS1-4

¡En marcha!

¿Qué está pasando con los crayones? Represéntalo.

¿Cómo cambia la materia cuando se calienta y se enfría?

Los científicos estudian cómo cambia la materia cuando se calienta o se enfría. ¿Qué observaciones puedes hacer acerca de que calentar o enfriar la materia la cambia?

Materiales

- crayones
- congelador
- fuente de calor
- termómetro
- moldes de cubos de hielo
- cuchara de metal
- guante para horno

Procedimiento

☐ **1.** Haz un plan para calentar el crayón y para enfriar el crayón.

☐ **2.** Muestra tu plan a tu maestro antes de empezar.

☐ **3.** Anota tus resultados.

Práctica de ciencias

Tú usas la evidencia para respaldar una afirmación.

⚠ **No toques la fuente de calor.**

⚠ **Usa guantes cuando manipules objetos calientes o fríos.**

Analizar e interpretar datos

4. **Explicar** Di si podrías hacer que el crayón se vea exactamente igual que al principio.

La temperatura

Puedes observar las propiedades de la materia. Una **propiedad** es una característica de un objeto que puedes observar con tus sentidos. La temperatura es una propiedad de la materia. ¿Hace frío o hace calor afuera? Puedes medir esa propiedad de la materia con un termómetro.

Un termómetro es un instrumento que mide si hace frío o calor.

Matemáticas
► Herramientas

Los días de la semana siguen una secuencia que se repite semana tras semana, todos los años. Durante una semana, mide la temperatura exterior a la misma hora, todos los días. Registra tus observaciones en la tabla. ¿Cómo cambió la temperatura cada día?

Lunes	Martes	Miércoles	Jueves	Viernes
Soleado 26 °C (80 °F)	Lluvia 20 °C (68 °F)	Nublado 22 °C (72 °F)	Soleado 25 °C (77 °F)	Soleado 28 °C (83 °F)

Lunes	Martes	Miércoles	Jueves	Viernes

Calentar y enfriar

El lugar en el que viven los osos polares tiene agua líquida y hielo sólido. Ese lugar es el Ártico. La temperatura del Ártico es muy fría. El frío puede cambiar la materia. En invierno, el agua líquida se congela. Se convierte en hielo sólido. Parte de ese hielo mantiene su forma sólida todo el año.

En el verano, la temperatura en el Ártico es más cálida. El calor también puede cambiar la materia. Parte del hielo sólido que se formó en el invierno se derrite. Se convierte en agua líquida. Esos cambios causados por el calor y el frío se producen una y otra vez, año tras año.

Misión Conexión

Di cómo los cambios de temperatura te pueden ayudar a decidir qué materiales usar para construir tu puente.

Reversible o no

Algunos cambios causados por el calor
y el frío pueden ser **reversibles**. Los
objetos pueden volver a ser como eran.

Algunos cambios causados por el calor
y el frío no pueden revertirse. Los objetos
ya no pueden volver a ser como eran.

¿Qué cambios pueden revertirse? Enciérralos en un círculo.

¿Qué cambios no pueden revertirse?
Márcalos con una X.

¿Cómo hace la temperatura que la materia cambie con el tiempo?

Piensa en distintos materiales que puedan usarse para construir un puente. Algunos puentes están hechos de cuerdas. Otros usan cables de acero o columnas de concreto. ¿Cómo puede afectar la temperatura a cada uno de esos materiales?

cable de acero

Mira la tabla. La tabla muestra materiales que podrían servir para construir un puente. Algunos materiales son una buena opción para climas fríos y calientes.

Superficies para puentes	Propiedades en el calor	Propiedades en el frío	Mejor para cualquier estado del tiempo
Cuerda	resistente, puede ser resbalosa si está húmeda	resistente, pero puede ser peligrosa si hay hielo	
Concreto	resistente y bueno si hace calor	resistente y bueno si hace frío	
Madera	resistente, puede ser resbalosa si está húmeda	resistente, pero puede ser peligrosa si hay hielo	

Identificar ¿Qué superficie tiene las mejores propiedades para climas calientes y fríos? Marca la fila con una X. Di por qué.

La materia en los objetos

▶ VIDEO

Ve un video que muestra cómo se usan objetos pequeños para construir objetos más grandes.

Vocabulario

ensamblar

Puedo explicar que los objetos se pueden construir con materiales más pequeños.

Puedo explicar que los objetos se construyen con materiales que tienen ciertas propiedades.

2-PS1-3

¡En marcha!

Mira la montaña rusa. ¿De qué está hecha? Piensa en una palabra que describa la montaña rusa. ¡Compártela con un compañero!

¿Qué puedes construir?

Mira la lista de materiales. ¿Cómo puedes usar esos objetos para construir algo?

Diseñar una solución

☐ 1. Piensa en un problema que quieras resolver. Escoge materiales. **Diseña una solución.**

☐ 2. Muestra tu plan a tu maestro.

☐ 3. Construye tu solución.

☐ 4. Explica a otro grupo cómo funciona tu diseño.

Evaluar el diseño

5. ¿Resolvió tu solución el problema que identificaste? ¿Por qué?

_____

_____

_____

_____

6. ¿Cómo puedes cambiar tu diseño para que sea mejor?

_____

_____

_____

Materiales recomendados

- bloques para construir
- cartón
- palillos de dientes
- palillos de manualidades
- limpiapipas
- pegamento
- cinta adhesiva
- pinzas de ropa
- plastilina
- tijeras de seguridad

⚠ **Ten cuidado cuando uses las tijeras.**

Práctica de ingeniería

Tú **diseñas una solución** cuando haces un plan para construir algo para resolver un problema.

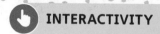
INTERACTIVITY

Aprende a desarmar
algo para hacer algo
nuevo.

Los objetos pueden ensamblarse a partir de otros objetos

Un modelo pequeño de un avión real tiene muchas partes. Cuando juntas las partes, las ensamblas para hacer tu modelo de avión. **Ensamblar** significa armar. Hay una secuencia que debes respetar para armar algo correctamente. Mira las imágenes. No están en el orden correcto. Muestra cómo puedes armar un modelo de avión.

Comprensión visual Secuencia Pon los números de los pasos para mostrar cómo armarías el avión con la secuencia correcta.

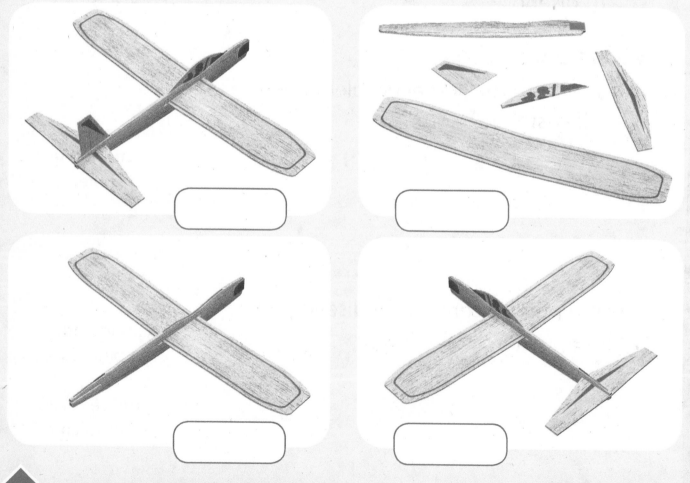

Elige uno de los objetos que se muestran.
Dibuja un objeto grande hecho de muchos
de los objetos pequeños. Escribe un pie de
ilustración para tu dibujo. Rotula uno de los
objetos pequeños. Después, explica cuál es
el propósito del objeto que dibujaste.

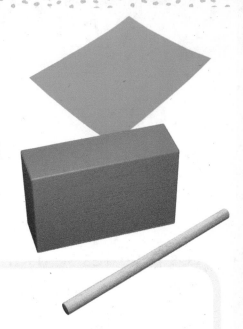

Misión Conexión

Di cómo puedes usar muchos objetos
pequeños para hacer un objeto
grande, como un puente.

¿Qué materiales hacen que un puente sea resistente?

Los puentes se usan con distintos propósitos en distintos lugares. ¿Qué materiales usarás para que tu puente sea resistente?

Materiales recomendados

- dos escritorios
- hilo
- palillos de manualidades
- cartón
- vasos de plástico
- popotes
- limpiapipas
- pegamento

Diseñar y construir

☐ **1. Diseña una solución.** Necesitas un puente resistente para cruzar el espacio entre dos escritorios.

☐ **2.** Elige los materiales para construir tu puente.

☐ **3.** Muestra tu plan a tu maestro.

☐ **4.** Construye tu puente. Anota los materiales que usaste.

☐ **5.** Prueba si tu puente es resistente poniendo bloques encima.

Práctica de ingeniería

Los ingenieros **diseñan una solución** para un problema haciendo un plan y eligiendo los materiales correctos.

Evaluar el diseño

6. Evaluar Di qué materiales funcionaron mejor para tu puente. Explica tu respuesta.

Comparar números

Los científicos usan la escala Celsius para medir la temperatura.

Cuando el agua se congela, tiene una temperatura de 0 °Celsius (C). También puede medirse como 32 °Fahrenheit (F).
El símbolo ° significa *grados*.

Mira los termómetros. Para saber la temperatura debes buscar el punto más alto de la línea roja y leer los números a los lados.

Encierra en un círculo la temperatura del verano. Marca con una X la temperatura del invierno. Escribe las dos temperaturas debajo. ¿Cómo se comparan esos números?

_____

_____

_____

_____

K-2-ETS1-1, K-2-ETS1-2

INTERACTIVITY

Conéctate en línea
para aprender más
acerca de cómo se usan
algunos materiales con
propósitos específicos.

¡Mejora un vaso para bebés!

Tu hermana bebé usa un vaso especial
para tomar la leche. Cuando lo lleva a
su boca, se derrama por todas partes.
El vaso no debería gotear. ¡Este vaso
tiene un problema! ¿Puedes decir cuál
es el problema mirando la imagen?
Piensa maneras de evitar que
el vaso gotee.

Mejóralo

Piensa en los materiales que
necesitarías para construir un vaso
que no gotee para tu hermana. ¿Qué
partes del vaso necesitarás para
ensamblar un nuevo vaso? ¿Cuál será
tu diseño para resolver este problema?

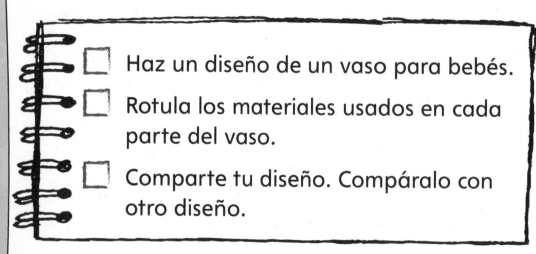

☐ Haz un diseño de un vaso para bebés.

☐ Rotula los materiales usados en cada
parte del vaso.

☐ Comparte tu diseño. Compáralo con
otro diseño.

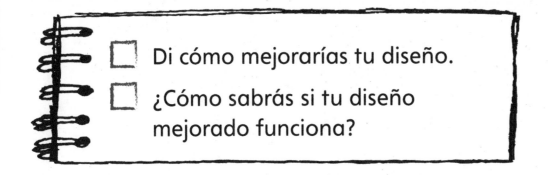

☐ Di cómo mejorarías tu diseño.

☐ ¿Cómo sabrás si tu diseño mejorado funciona?

INTERACTIVITY

Aplica lo que aprendiste en la Misión a un nuevo escenario.

Construir puentes

¿Cuáles son los mejores materiales para construir un puente?

Aprendiste cómo puede cambiar la materia. Aprendiste cómo el clima caluroso y el clima frío pueden cambiar la materia. Construiste un modelo de un puente. Elegiste materiales que lo hacen resistente.

Muestra lo que encontraste

Escribe una carta a la señora Kuan. Explícale qué materiales crees que podría usar para construir su puente. Puedes hacer una lista de los materiales. También puedes dibujarlos. Di a la señora Kuan por qué crees que esos materiales son los mejores para construir un puente que sea resistente si hace calor o frío.

Ingeniero estructural

Los ingenieros estructurales diseñan cosas que usas todos los días. Diseñan edificios, puentes, túneles y casas. Suelen trabajar en equipo. Su trabajo es comprobar que las construcciones sean seguras y resistentes. También deben comprobar que se usen los materiales correctos para el trabajo. Los ingenieros estructurales trabajan en construcciones y muchos otros lugares.

Los ingenieros estructurales prestan atención a los materiales que usan para construir. Observan las propiedades de un material para asegurarse de que el proyecto haga lo que debe hacer.

Di por qué es un trabajo importante.

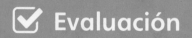

☑ Evaluación

Pregunta esencial ¿Cómo cambias los materiales?

Muestra lo que aprendiste
Dile a un compañero cómo puedes convertir hielo en agua.

1. ¿Cuál de los siguientes cambios de la materia se puede revertir?
   a. manzanas convertidas en jugo
   b. galletas hechas pedazos
   c. papel roto en trozos
   d. papel doblado en forma de avión

2. ¿Cuál de los siguientes cambios de la materia se logró con calor?
   a. granos de maíz convertidos en palomitas
   b. jugo convertido en paletas de jugo
   c. agua convertida en cubos de hielo
   d. naranjas convertidas en jugo

3. Mides la temperatura todos los días por una semana. ¿Qué decisión te ayudaría a tomar la información que obtuviste?
   a. qué comer en el desayuno
   b. qué almuerzo llevar a la escuela
   c. qué ropa usar para jugar afuera
   d. a qué hora tomar el autobús

4. ¿Cuál de los siguientes es un ejemplo de un cambio reversible?

   a. plastilina modelada en forma de pelota

   b. papel hecho pedazos

   c. un plátano cortado en trozos

   d. un pan rebanado

5. Mira las imágenes del sándwich. ¿Cuál es la secuencia correcta para hacer el sándwich?

   a. ABCD

   b. ADCB

   c. BCDA

   d. DBCA

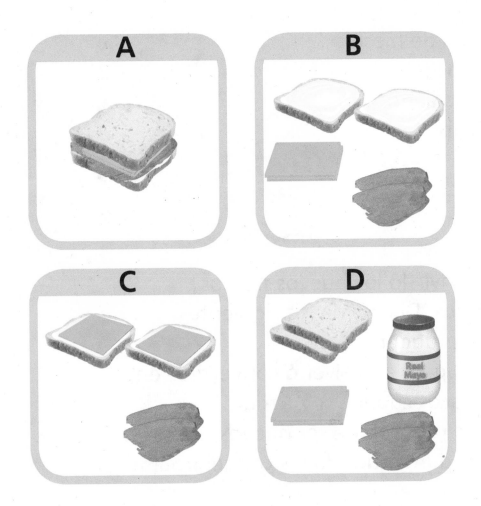

Lee y responde las preguntas 1 a 4.

Christopher y su familia decidieron irse de picnic. Prepararon comida para el almuerzo. Pusieron huevos frescos en agua hirviendo para hacer huevos duros. Exprimieron limones y agregaron miel y agua para hacer limonada. Cortaron pedazos de queso y llevaron una caja de galletas saladas como bocaditos. Vertieron jugo de naranja fresco en moldes y los pusieron en el congelador para hacer paletas heladas. También llevaron pan, carne de pavo, tajadas de queso y mostaza, para hacer sándwiches. Por último, llevaron un mantel de mesa plegado para colocar en el suelo cuando llegaran al parque donde iban a hacer el picnic.

1. Christopher convirtió los huevos frescos en huevos duros. Di cuál de las siguientes oraciones es verdadera.
   a. Los huevos pueden volver a convertirse en huevos frescos cuando se enfrían.
   b. Los huevos pasaron de ser huevos frescos a ser huevos duros cuando los congelaron.

c. Los huevos no pueden volver a convertirse en huevos frescos después de haber sido hervidos.

d. Los huevos no pueden pasar de ser huevos frescos a ser huevos duros cuando los hierven.

2. ¿En cuál de los siguientes se usó el enfriamiento como una forma de cambiar la materia?
   a. limones, miel y agua en limonada
   b. jugo de naranja en paletas heladas
   c. huevos frescos en huevos duros
   d. cortar queso para hacer bocaditos

3. ¿Cuál de los siguientes puede cambiar y volver a su forma original?
   a. un mantel de mesa plegado
   b. pedazos de un queso
   c. limonada hecha de limones, miel y agua
   d. galletas saladas rotas

4. Di cómo usar las tajadas de queso, la carne de pavo, el pan y la mostaza para hacer un sándwich. Usa las palabras "primero", "luego" y "por último".

_____

_____

_____

_____

_____

¿Cómo puedes hacer algo nuevo?

Los ingenieros usan los objetos que tienen para hacer algo nuevo. Piensan en lo que necesitan que hagan los objetos. Buscan las partes que necesitan. Ensamblan esas partes para hacer algo nuevo.

Diseñar soluciones

☐ 1. Mira los bloques. Identifica un problema que quieras resolver. Construye una estructura con todos los bloques para resolver el problema.

☐ 2. Dibuja tu estructura.

☐ 3. Identifica un segundo problema que quieras resolver. Construye una nueva estructura con los mismos bloques para resolver el segundo problema.

☐ 4. Dibuja tu nueva estructura.

Materiales

- bloques de diferentes tamaños y colores

Práctica de ingeniería

Los ingenieros hacen observaciones para reunir evidencia y construir explicaciones.

Analizar e interpretar datos

5. **Explica** cómo resolvió un problema cada estructura.

_____

_____

_____

_____

_____

6. **Explica** cómo usaste los mismos materiales para resolver dos problemas.

_____

_____

_____

_____

El agua y el terreno en la Tierra

Lección 1 Describir la superficie de la Tierra

Lección 2 El agua en la Tierra

Lección 3 Trazar un mapa del terreno y el agua

Estándares de Ciencias para la Próxima Generación

2-ESS2-1 Comparar múltiples soluciones diseñadas para evitar o hacer más lentos los cambios que el viento o el agua producen en la forma del terreno.

2-ESS2-2 Desarrollar un modelo para representar las formas y los tipos de terreno y cuerpos de agua de un área.

2-ESS2-3 Obtener información para identificar dónde se puede encontrar agua en la Tierra y que el agua puede ser sólida o líquida.

K-2-ETS1-3 Analizar los datos de las pruebas de dos objetos diseñados para resolver el mismo problema, con el fin de comparar las fortalezas y debilidades del funcionamiento de cada uno.

Pregunta esencial

¿Cómo puedes describir el terreno y el agua de la Tierra?

Muestra lo que sabes

Marca con una **X** un accidente geográfico en la imagen.

Dile a un compañero el nombre del accidente geográfico.

¡Haz un mapa de tu caminata!

¿Cómo podemos dibujar un mapa?

Soy la señorita Imani. Soy cartógrafa y necesito tu ayuda. Estoy haciendo un mapa para excursionistas que van a una búsqueda del tesoro. Para completar la búsqueda, los excursionistas deben tomar fotos del terreno y el agua. Deben encontrar dos accidentes geográficos y deben encontrar dos cuerpos de agua. La búsqueda termina en una laguna donde habrá un picnic.

¡Ayúdame a hacer un mapa para una buena caminata! Mientras lees, busca diferentes accidentes geográficos y cuerpos de agua. También aprenderás cómo hacer un mapa.

En el camino están las actividades de la Misión que completarás a lo largo de este tema. Al completar cada actividad, marca tu progreso para indicar que es una MISIÓN CUMPLIDA ✓ .

Misión Control: Lab 1

Lección 1

Usa lo que aprendiste para hacer un modelo de los accidentes geográficos.

2-ESS2-1 Comparar múltiples soluciones diseñadas para evitar o hacer más lentos los cambios que el viento o el agua producen en la forma del terreno. 2-ESS2-2 Desarrollar un modelo para representar las formas y los tipos de terreno y cuerpos de agua de un área. 2-ESS2-3 Obtener información para identificar dónde se puede encontrar agua en la Tierra y que el agua puede ser sólida o líquida.

VIDEO

Ve un video sobre un cartógrafo.

Misión Control 2

Lección 2

Usa lo que aprendiste para describir cuerpos de agua.

Misión Control: Lab 3

Lección 3 ◆

Usa lo que aprendiste para medir las distancias en un mapa.

Misión Hallazgos

¡Termina la Misión! ¡Haz el mapa de un camino que llevará a los excursionistas a una montaña, un arroyo, una orilla rocosa y una laguna!

¿Qué cubre la mayor parte de la superficie de la Tierra?

¿Cómo puedes saber si el agua o la tierra cubren una parte más grande de la superficie?

Materiales

- Hoja de tierra y agua
- cubos de contar azules y verdes

Procedimiento

☐ **1.** Usa el mapa y los materiales para hallar información y ver si hay más agua o tierra en el planeta.

☐ **2.** Recopila información y regístrala.

Práctica de ciencias

Tú reúnes información para contestar una pregunta científica.

Medición	Tierra (verde)	Agua (azul)
Número de cubos interconectables		

Analizar e interpretar datos

3. Sacar conclusiones ¿En el mapa se muestra más agua o más tierra? ¿Cómo lo sabes?

_____

_____

_____

_____

Pistas visuales

Mirar las imágenes antes y después de leer puede ayudarte a comprender el texto.

Lee el texto y mira la imagen.

🎮 **GAME**

Practica lo que aprendiste con los Mini Games.

Escalar el monte Denali

¿Te gustaría escalar la montaña más alta de América del Norte? Tendrías que viajar a Alaska. Allí podrías escalar una montaña llamada Denali. ¡Su pico se eleva hasta los 6,190 metros de altura! Escalar la montaña es difícil. Muchas personas suben a la cima cada año. El mejor momento para escalar el monte Denali es a fines de mayo y junio. ¡El viaje dura entre 17 y 21 días!

☑ **Revisar la lectura** **Pistas visuales** ¿Qué es una cosa que puedes ver en la foto que no está en el texto? Dile a tu compañero lo que ves.

Describir la superficie de la Tierra

▶ VIDEO

Ve un video sobre los accidentes geográficos.

Vocabulario

accidente geográfico

pendiente

llanura

meseta

cañón

Puedo identificar diferentes accidentes geográficos sobre la superficie de la Tierra.

2-ESS2-2, 2-ESS2-3

¡En marcha!

Cierra los ojos. Señala un lugar en un mapa o globo terráqueo. ¿Es tierra o agua? ¿Cómo lo sabes? ¿El agua es sólida o líquida? ¿Cómo lo sabes?

¿Cómo puedes hacer un mapa de un lugar especial?

¿Cómo le dirías a un amigo cómo llegar a uno de tus lugares preferidos?

Procedimiento

☐ 1. Piensa en un lugar al que te gustaría ir.

☐ 2. Dibuja y rotula un mapa del lugar. Escribe el nombre del lugar en tu mapa.

Materiales

• materiales para dibujo

Práctica de ciencias

Tú Usas modelos para aprender más sobre lugares de la vida real.

Analizar e interpretar datos

3. **Comunicar** ¿Qué aprendiste sobre hacer un mapa?

_____

_ _ _ _ _ _ _ _ _ _ _ _ _ _ _ _ _ _

_____

La superficie de la Tierra

La mayoría de los mapas son planos. La superficie de la Tierra no es plana. Tiene muchos accidentes geográficos diferentes. Un **accidente geográfico** es una característica del terreno hecha de roca y tierra. Los accidentes geográficos son de diferentes tamaños y formas.

Montañas

Los accidentes geográficos más altos son las montañas. Las montañas son grandes accidentes geográficos que pueden ser muy altos. Algunas son tan altas que la nieve sobre ellas nunca se derrite. La mayoría tienen puntas puntiagudas o picos. Las montañas tienen pendientes pronunciadas. Una **pendiente** es un área que se inclina hacia arriba. Las pendientes empinadas hacen que las montañas sean difíciles de escalar.

☑ Revisar la lectura Pistas visuales Dibuja una **X** en la pendiente de la montaña.

INTERACTIVITY

Conéctate en línea para aprender sobre los diferentes accidentes geográficos.

Misión Conexión

¿Sería más fácil caminar por una montaña o por una colina? Di por qué.

Colinas y llanuras

Una colina es un accidente geográfico que es más alto que el terreno que lo rodea. No son tan altas como las montañas. La nieve se derrite durante el tiempo cálido.

Una zona baja entre montañas o colinas es un valle. Hay muchos tipos de valles.

Las **llanuras** son áreas planas que a menudo están en los valles. Las llanuras son accidentes geográficos muy importantes porque a menudo tienen suelos muy ricos. El suelo es un material suelto en el que las plantas pueden crecer. El suelo contiene seres vivos como bacterias, animales pequeños e insectos. El suelo contiene objetos inertes como minerales, pedazos de rocas, agua y aire. Debido a que son planas, muchas llanuras se usan para la agricultura.

valles

llanuras

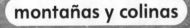
montañas y colinas

Mesetas y cañones

Las **mesetas** son partes elevadas de la superficie de la Tierra que son planas en la parte superior.

A veces hay cañones al pie de las mesetas. Los **cañones** son valles profundos. Los valles en los cañones tienen paredes empinadas. Muchos cañones están formados por ríos. Los ríos se llevan la tierra y la roca. Con el tiempo, se forma el cañón.

Explicar Subraya las palabras que describen cómo se formaron los cañones.

Lectura
▶**Herramientas**

Pistas visuales Observa las fotos. ¿Por qué sería difícil hacer una caminata desde el fondo de un cañón hasta la cima de una meseta?

mesetas y cañones

Accidentes geográficos en el océano

El fondo del océano también tiene accidentes geográficos. Muchos de esos accidentes geográficos son mucho más grandes que los del terreno.

Muchas personas creen que el monte Everest en Asia es la montaña más alta de la Tierra. Mauna Kea en Hawái es mucho más alta. La base de Mauna Kea está en el fondo del océano, por lo cual es la montaña más alta del mundo.

El abismo de Challenger es el cañón más profundo del océano. ¡Es mucho más profundo que la altura del monte Everest!

Explicar Subraya por qué Mauna Kea es la montaña más alta del mundo.

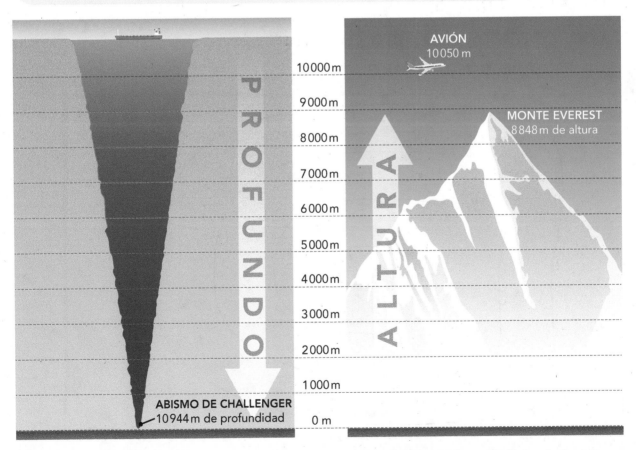

AVIÓN
10050 m

10000 m

9000 m

MONTE EVEREST
8848 m de altura

8000 m

P R O F U N D O

7000 m

A L T U R A

6000 m

5000 m

4000 m

3000 m

2000 m

1000 m

ABISMO DE CHALLENGER
10944 m de profundidad

0 m

¿Cómo puedes hacer un modelo de los accidentes geográficos?

Materiales
- plastilina de varios colores

Tú usas modelos para aprender más sobre los fenómenos.

La mayoría de los mapas son planos. Los cartógrafos usan modelos tridimensionales para estudiar qué tan alto puede ser un accidente geográfico. ¿Cómo puedes hacer un modelo?

Procedimiento

1. Observa el mapa

2. Usa los materiales para construir un modelo basado en el mapa.

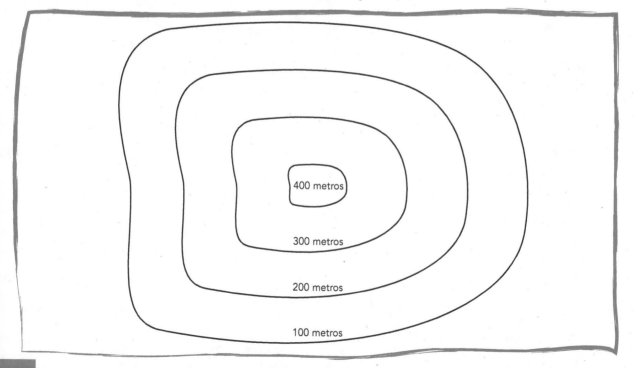

400 metros

300 metros

200 metros

100 metros

Analizar e interpretar datos

3. **Identificar** ¿Cuál es la ubicación más alta en tu modelo del mapa? ¿Qué tan alta es esa ubicación?

_____

_____

_____

_____

_____

4. **Usar modelos** Según el modelo, ¿sería más fácil caminar alrededor de la colina o sobre ella? ¿Por qué?

_____

_____

_____

_____

_____

El agua en la Tierra

VIDEO

Ve un video sobre diferentes cuerpos de agua.

Vocabulario
agua dulce
glaciar

Puedo identificar diferentes cuerpos de agua.

Puedo decir si un cuerpo de agua es sólido o líquido.

2-ESS2-2, 2-ESS2-3

¡En marcha!

Imagina que eres un cubo de hielo, un arroyo de montaña o un océano. ¡Actúalo! Deja que un compañero adivine lo que eres.

LABORATORIO PRÁCTICO

2-ESS2-2, SEP.2, SEP.8

¿Cuál es el mejor lugar para cruzar el agua?

¿Cómo puedes usar un mapa para indicar por dónde cruzar el agua?

Materiales

- Hoja de río y arroyo

Procedimiento

☐ **1.** Observa la Hoja de río y arroyo. Decide dónde están ubicados los mejores lugares para cruzar el río.

☐ **2.** Escribe tus observaciones en la tabla.

Práctica de ciencias

Tú usas un modelo para explorar soluciones.

Punto	Ancho	¿Cómo puedo cruzarlo?
1		
2		
3		

Analizar e interpretar datos

3. Evaluar ¿Por dónde es más fácil cruzar el río si estás caminando? ¿Por qué?

_____

_____

_____

El océano

INTERACTIVITY

Conéctate en línea para aprender más sobre los cuerpos de agua sólidos y líquidos en la Tierra.

El agua cubre casi tres cuartos de la superficie de la Tierra. La mayor parte del agua de la Tierra se encuentra en el océano. Hay un océano muy grande con varias cuencas con nombre. Muchas personas creen que el océano y los mares son lo mismo. Los mares tienen tierra alrededor de la mayoría de los lados.

El agua salada del océano obtiene su sal de los ríos que fluyen desde toda la superficie de la Tierra.

Ríos y arroyos

La Tierra también tiene agua dulce. Puedes encontrar agua dulce en glaciares, arroyos, ríos, lagos y estanques. El **agua dulce** es agua que tiene muy poca sal. La mayoría de los animales, las plantas y los seres humanos dependen del agua dulce para vivir.

Las corrientes son cuerpos de agua que fluye. Dependiendo de su tamaño y de otras características, se les dan diferentes nombres como ríos y arroyos.

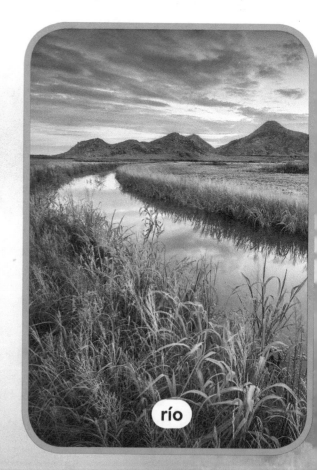

río

océano

Glaciares

Los **glaciares** son cuerpos muy grandes de hielo que fluye. Se mueven cuesta abajo muy lentamente. Están hechos de agua sólida. Muchos glaciares comienzan como nieve en la cima de las montañas. Los glaciares se forman cuando la nieve permanece en un lugar el tiempo suficiente como para formar hielo. Los glaciares recogen rocas y tierra a medida que se mueven y los llevan a diferentes lugares.

glaciar

Identificar Escribe dos cuerpos de agua líquida. Escribe un cuerpo de agua sólida.

_____

_____

_____

_____

☑ **Revisar la lectura** Pistas visuales Marca con una **X** la foto de un río. ¿Cómo lo sabes?

_____

_____

_____

_____

Lagos y estanques

Algunas corrientes y ríos se vierten en lagos. La mayoría de los lagos tienen agua dulce. También hay algunos lagos de agua salada. Los lagos son cuerpos de agua muy grandes que tienen tierra a su alrededor por todos lados, excepto donde los arroyos fluyen hacia dentro y fuera de ellos. Por lo general son más profundos que los ríos. Puedes ver olas cuando el viento sopla sobre el agua. Algunos lagos se llaman estanques.

Matemáticas
▸Herramientas

Fracciones Imagina que la superficie de la Tierra es un pastel. Puedes cortar el pastel en cuatro partes iguales. ¡Casi tres de los cuatro pedazos de pastel serían océano!

Misión Conexión

Si una excursionista quisiera nadar en agua dulce, ¿dónde se detendría?

Describe el agua de la Tierra

Mira las imágenes. Responde las preguntas.

río

lago

glaciar

1. ¿Qué cuerpos de agua puedes cruzar en una caminata?

_____

_____

2. ¿Dónde necesitaría un excursionista un puente para cruzar el agua?

_____

_____

3. ¿Alrededor de qué cuerpos de agua podría caminar un excursionista?

_____

_____

4. ¿Qué cuerpo de agua podrías cruzar nadando?

_____

_____

INTERACTIVITY

Conéctate en línea para explorar cómo se reparan las represas.

¡Mejora una represa!

Los animales y las personas construyen represas para retener el agua de los ríos y arroyos. Mira la represa de la foto. ¿Cómo puedes mejorarla?

Mejóralo

Mejora esta represa. Debe detener el agua. También necesita dejar pasar algo de agua.

- ☐ Dibuja un plan para mejorar la represa. Comparte tu dibujo con un compañero.

- ☐ Rotula los materiales que usas.

- ☐ Comenta cómo cada material detiene el flujo del agua.

Observaciones

☐ Escribe cómo tu plan mejorará la represa.

_____

_____

_____

_____

☐ ¿Qué crees que le sucede al medio ambiente río abajo cuando el flujo de agua está bloqueado?

_____

_____

_____

_____

Trazar un mapa del terreno y el agua

VIDEO

Ve un video sobre diferentes tipos de mapas.

Vocabulario

modelo

clave

escala

Puedo usar mapas para mostrar dónde están el terreno y el agua en la Tierra.

2-ESS2-2

¡En marcha!

¿Cómo caminarías a través del agua? ¿Cómo caminarías a través de diferentes accidentes geográficos? ¡Actúalo!

LABORATORIO
PRÁCTICO
2-ESS2-2, SEP.2, SEP.8

¿Por qué los cartógrafos usan diferentes mapas?

¿Qué pueden aprender las personas de diferentes tipos de mapas?

Procedimiento

☐ **1.** Mira los diferentes mapas. Muestran la misma ubicación.

☐ **2.** Identifica las diferencias entre mapas.

☐ **3.** Anota tus observaciones en la tabla.

Materiales

- Hoja de mapa aéreo y de las calles

Práctica de ciencias

Tú usas modelos para estudiar cómo es algo en la vida real.

Mapa de las calles	Mapa aéreo	Observaciones

Analizar e interpretar datos

4. Identificar Di qué mapa escogerías para mostrar cómo llegar a una ubicación.

Comprender un mapa

Un mapa es un modelo. Un **modelo** es una copia de algo. Puede haber muchos mapas diferentes para la misma área. Un mapa de un museo puede mostrarte dónde está ubicado en la ciudad. Otro mapa del mismo museo podría mostrarte adónde ir para tomar un refrigerio.

Los mapas necesitan una **clave**. Una clave explica qué significan las imágenes o los signos en el mapa. Mira este mapa de un museo. ¿Puedes usar la clave para encontrar un lugar para comer?

Muchos mapas también tienen una escala. Los mapas son mucho más pequeños que los lugares reales. Una **escala** es una forma de comparar la distancia entre dos objetos en el mapa y esos mismos objetos en la vida real.

 INTERACTIVITY

Conéctate en línea para aprender más sobre cómo hacer mapas.

 Información

 Elevador

 Baños

 Agua

 Guardarropa

 Audio

 Tienda de regalos

 Comida

 Escalera mecánica

CLAVE

Comprensión visual

Escoge dos lugares. Usa la escala para escribir qué tan lejos está un lugar del otro.

_____

_____

_____

_____

Escala, proporción y cantidad
Piensa en otra forma de comparar
los tamaños de dos objetos sin
usar un instrumento de medición.
Escribe o dibuja tu idea.

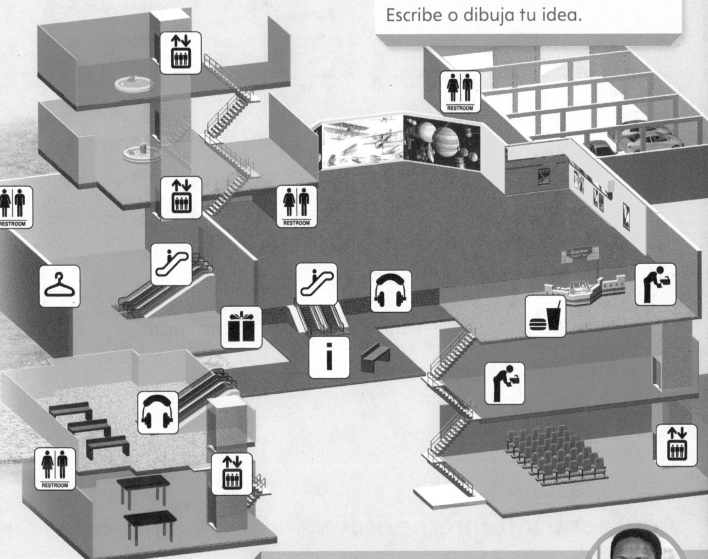

Misión Conexión

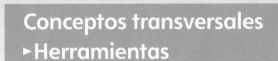

¿Qué muestra tu mapa de caminata
que el mapa del museo no muestra?

0 1 2 3 4 5
Escala en metros

ESCALA

Lección 3   Trazar un mapa del terreno y el agua   101

LABORATORIO PRÁCTICO

2-ESS2-2, SEP.2, SEP.8

¿Qué tan lejos es de aquí hasta allí?

¿Cómo puedes medir la distancia en un mapa?

Materiales

- Hoja de mapa de las calles
- regla

Práctica de ciencias

Tú usas modelos para dibujar objetos a escala.

Procedimiento

☐ **1.** Mira el mapa. Mide la distancia entre dos lugares en el mapa. Repite este paso dos veces más con diferentes ubicaciones.

☐ **2.** Anota tus datos en la tabla.

Punto A	Punto B	Distancia

Analizar e interpretar datos

3. Explicar Explica cómo encontraste la distancia entre el Punto A y el Punto B en el mapa.

4. Aplicar conceptos Comenta si hay una manera más corta de pasar de un punto a otro en el mapa. Da instrucciones.

Medir la distancia

Los campos de fútbol americano generalmente se miden en yardas. Puedes usar la escala para calcular el tamaño de este campo de fútbol americano en metros.

Medir La longitud de un campo de fútbol americano puede medirse en metros.

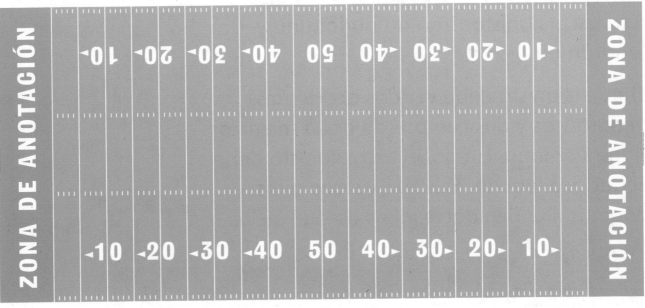

¿Cuántos metros de largo mide el campo de fútbol, aproximadamente?

_____

_____

¿Cuánto mide de ancho, aproximadamente?

_____

_____

¡Haz un mapa de tu caminata!

¿Cómo podemos dibujar un mapa?

Es hora de hacer tu mapa. ¿Cómo puedes dibujarlo? Usa un papel aparte. Recuerda, el mapa es para una búsqueda del tesoro. ¡Los excursionistas irán a una laguna y tendrán un picnic!

El excursionista debe ver dos accidentes geográficos y dos cuerpos de agua mientras sigue su mapa. Luego, el excursionista debe llegar a la laguna. Echa un vistazo a las páginas. Pueden darte ideas de qué incluir.

Incluye una clave y una escala en tu mapa.

CAMINO

MISIÓN CUMPLIDA

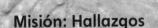

Cartógrafo

Los cartógrafos pueden dibujar mapas a mano. También pueden usar computadoras. Una vez que se hace el mapa, se puede imprimir.

Antes de que una cartógrafa se ponga a trabajar, hace preguntas. Ella pregunta: "¿Por qué necesitas este mapa? ¿Qué necesitas que muestre el mapa?". Entonces la cartógrafa se pone a trabajar. Quiere que el mapa sea útil para las personas que lo usan.

Si fueras un cartógrafo o cartógrafa, ¿qué mapa te gustaría dibujar? ¿Por qué?

_____

_____

_____

_____

_____

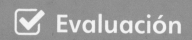

¿Cómo puedes describir el terreno y el agua de la Tierra?

Muestra lo que aprendiste

Comenta lo que aprendiste sobre los accidentes geográficos y los cuerpos de agua.

1. **¿En qué se parecen los accidentes geográficos?**
   a. Todos tienen pendientes pronunciadas.
   b. Todos son difíciles de escalar.
   c. Todos tienen la misma forma y tamaño.
   d. Todos están hechos de roca y tierra.

2. **¿Qué características muestran las imágenes?**

_____

- - - - - - - - - - - - - - - -

_____

3. ¿En qué se parecen los ríos y los glaciares?
¿En qué se diferencian?

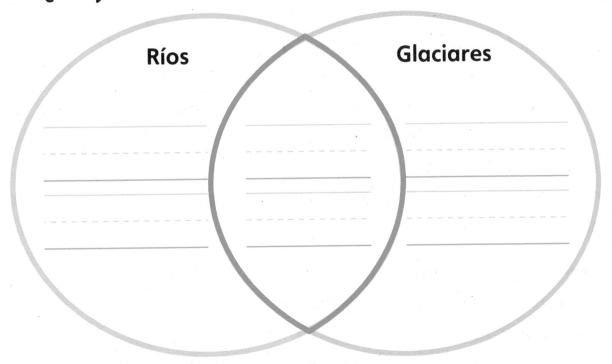

4. Una escala de mapa muestra que 1 centímetro
= 10 kilómetros. Si dos ciudades están a
3 centímetros de distancia en el mapa,
¿qué tan lejos están?

_____

- -

_____

5. ¿Cómo puede una clave de mapa ayudar a
un excursionista?

_____

- -

_____

- -

_____

Lee el texto y responde las preguntas.

El mapa de Bikram estaba hecho de plastilina.
Usó plastilina verde para mostrar la forma de
una montaña. Usó plastilina azul para mostrar
el arroyo y el estanque de abajo. Colocó una fina
cuerda amarilla de plastilina para mostrar
el camino de los excursionistas. Hizo una escala de
distancia precisa.

Bikram quería saber cuánto había recorrido en su
modelo. Entonces, cortó un pedazo de cuerda y
colocó la cuerda a lo largo del camino de plastilina
amarilla. Dio vueltas por la montaña y regresó al
arroyo. Luego midió la cuerda y la comparó con
la escala. ¡Había recorrido cinco kilómetros!

1. ¿Cómo mostró Bikram la diferencia entre
   el terreno y el agua en su modelo?
   a. El terreno era todo de plastilina azul
      y el agua era de plastilina verde.
   b. La montaña era de plastilina azul
      y el arroyo era una cuerda de
      plastilina amarilla.
   c. El agua era de plastilina azul y el arroyo
      era una cuerda de plastilina amarilla.
   d. El agua era toda de plastilina azul y
      el terreno era todo de plastilina verde.

2. ¿Cómo calculó Bikram la distancia de la caminata?

_____

_____

_____

3. ¿Por qué usó una cuerda en lugar de una regla para medir la longitud de la caminata?
   a. Una cuerda es más corta que la caminata.
   b. La regla no tenía marcas de kilómetros.
   c. Una cuerda puede doblarse y curvarse, pero una regla no puede.
   d. La cuerda estaba disponible, pero la regla no.

4. ¿Cómo podría Bikram cambiar el mapa para hacer su caminata más difícil?

_____

_____

_____

5. Encierra en un círculo todos los lugares que muestra el mapa de Bikram.

	meseta	río
glaciar		cañón
valle	colina	pendiente

¿Qué podemos encontrar en el patio de juegos o en el parque?

Recuerda que el mapa es un modelo. Haz un mapa de un patio de juegos o de un parque cercano a ti.

Procedimiento

☐ 1. Dibuja un mapa de un patio de juegos o de un parque cercano a ti. Asegúrate de identificar cualquier accidente geográfico o cuerpo de agua.

☐ 2. Pide a un compañero que escoja dos puntos en el mapa. Rotula A y B.

Materiales

- instrumentos de medición
- herramientas de dibujo

Práctica de ciencias

Tú obtienes información para poder compartir lo que aprendes con los demás.

3. Da instrucciones o escríbelas para llegar del punto A al punto B.

4. Pide permiso a tu maestro. Luego, pide a tu compañero que intente seguir tus instrucciones.

Analizar e interpretar datos

5. Evaluar ¿Qué tan fácil fue para tu compañero seguir tu mapa?

6. Mejorar ¿Cómo puedes mejorar tu mapa?

Los procesos de la Tierra

Lección 1 La Tierra cambia rápidamente

Lección 2 La Tierra cambia lentamente

Lección 3 Las personas pueden cambiar la Tierra

Estándares de Ciencias para la Próxima Generación

2-ESS1-1 Usar información de diferentes fuentes para aportar evidencia de que los eventos en la Tierra pueden ocurrir en forma rápida o lenta.

2-ESS2-1 Comparar múltiples soluciones diseñadas para evitar o hacer más lentos los cambios que el viento o el agua producen en la forma del terreno.

K-2-ETS1-3 Analizar los datos de las pruebas de dos objetos diseñados para resolver el mismo problema, con el fin de comparar las fortalezas y debilidades del funcionamiento de cada uno.

Pregunta esencial ¿Qué puede causar cambios en el terreno?

Muestra lo que sabes

¿Qué crees que dio la forma al terreno? Dile a un compañero.

Misión Arranque

STEM ¡Salva el pueblo!

¿Cómo podemos desacelerar los cambios en la superficie de la Tierra?

¡Hola! Soy la señora Williams. Soy ingeniera ambiental. Hay un pequeño pueblo en la costa. El océano está llevándose de a poco la línea costera. ¡El pueblo está en peligro!

Ayúdame a diseñar un modo de impedir que el océano desarme el terreno de la costa. Luego compara tu solución con las soluciones de otros grupos. En el camino están las actividades de la Misión que completarás a lo largo de este tema. Al completar cada actividad, marca tu progreso para indicar que es una MISIÓN CUMPLIDA ✓.

Estándares de Ciencias para la Próxima Generación

2-ESS1-1 Usar información de diferentes fuentes para aportar evidencia de que los eventos en la Tierra pueden ocurrir en forma rápida o lenta.

2-ESS2-1 Comparar múltiples soluciones diseñadas para evitar o hacer más lentos los cambios que el viento y el agua producen en la forma del terreno.

K-2-ETS1-3 Analizar los datos de las pruebas de dos objetos diseñados para resolver el mismo problema, con el fin de comparar las fortalezas y debilidades del funcionamiento de cada uno.

Misión Control 1

Lección 1 ■

Usa lo que aprendiste. Di cómo se puede evitar que una ciudad se inunde.

Misión Control: Lab 2

Lección 2 ●

Observa cómo las olas afectan la costa y un pueblo costero.

Misión Control: Lab 3

Lección 3 ◆

Diseña una forma de proteger un pueblo costero del viento y del agua.

Misión Hallazgos

¡Termina la Misión! ¿Cómo puedes salvar el pueblo? Compara tu solución. Presenta tus datos de manera creativa.

Misión: Arranque 115

LABORATORIO PRÁCTICO

2-ESS2-1, SEP.2, SEP.6

¿Qué solución es mejor?

Los jardineros tienen que impedir que el agua se lleve el suelo de los jardines. ¿Cómo pueden evitar que eso suceda?

Identificar posibles soluciones

☐ 1. Haz un plan para diseñar y probar una solución que impida que el agua se lleve el suelo. Muestra tu plan a tu maestro.

☐ 2. Elige los materiales para hacer el modelo de un jardín. Prueba tu solución. Registra tus observaciones.

Materiales

- agua
- recipiente

Materiales recomendados

- marga
- arcilla
- arena
- palita de plástico

Observaciones

Práctica de ingeniería

Tú comparas las soluciones para analizar la mejor forma de resolver un problema.

 Lávate las manos después del laboratorio.

Comunicar la solución

3. Compara tu solución con otras. Di en qué son iguales. Di en qué se diferencian.

Secuencia

Los oceanógrafos estudian los tsunamis para aprender a predecirlos. Lee sobre la secuencia de eventos en un tsunami.

La secuencia es el orden en que ocurren las cosas. En una secuencia se usan palabras como "primero", "luego", "entonces" y "por último".

▶▪ GAME

Practica lo que aprendiste con los Mini Games.

Tsunamis

Un tsunami es una ola muy grande que golpea una línea costera. Primero, el fondo del mar se mueve hacia arriba y hacia abajo. Eso hace que el agua se mueva y forme una ola. Luego, las olas se mueven por las aguas profundas del océano. Por último, las olas se hacen más altas a medida que se acercan a la tierra. Los tsunamis destrozan edificios y caminos.

☑ **Revisar la lectura** Secuencia

Escribe "1" al lado de lo primero que ocurre en un tsunami.

Numera en orden todos los sucesos siguientes que ocurren en un tsunami.

La Tierra cambia rápidamente

▶ VIDEO

Ve un video sobre cómo la Tierra cambia rápidamente.

Vocabulario

lava

terremoto

inundación

desprendimiento de tierra

Puedo aportar evidencia de que en la Tierra hay cambios rápidos.

2-ESS1-1

¡En marcha!

Sé un volcán. Actúa lo que está ocurriendo en la imagen. Luego, actúa lo que crees que ocurre cuando la explosión volcánica se detiene.

¿Cómo cambian la Tierra los volcanes?

Los geólogos estudian los volcanes para saber cómo cambian el terreno. ¿Cómo se ve distinto el terreno que rodea el volcán después de que este explota?

Materiales

- plastilina
- botella grande de plástico
- pegamento blanco
- papel de periódico
- recipiente

Diseñar y construir

☐ 1. **Diseña un modelo** para mostrar cómo un volcán cambia el terreno cercano a él. Usa todos los materiales. Muestra tu diseño a tu maestro.

☐ 2. Construye tu modelo. Observa tu modelo una hora más tarde. Registra tus observaciones.

Práctica de ciencias

Usas un modelo para **explicar** los sucesos en la naturaleza.

Observaciones

Evaluar el diseño

3. **Explicar** ¿Cómo mostró tu modelo los cambios en la superficie de la Tierra?

_____

_____

_____

_____

Los volcanes

Los volcanes son parte de la superficie de la Tierra. Muchos volcanes son montañas con un agujero en la parte de arriba. El agujero se llama cráter. Cuando el volcán explota, por el cráter pueden salir rocas calientes y derretidas que se llaman **lava**. Este suceso ocurre de manera muy rápida.

La lava fluye por las laderas del volcán y se esparce por el terreno. Luego, la lava se enfría y endurece como roca sólida.

Lectura
►Herramientas

Secuencia Di qué ocurre después de que la lava fluye por las laderas de un volcán.

volcán

La lava se enfría y endurece

Los terremotos

Un **terremoto** es una sacudida súbita del suelo.
Primero, distintas capas de rocas se empujan
entre sí en lo profundo de la Tierra. Luego,
los empujones hacen que el suelo se sacuda.
Los terremotos también ocurren cuando los
volcanes entran en erupción.

Los terremotos cambian rápidamente la
superficie de la Tierra. Los terremotos pueden
hacer que se caigan los edificios. Pueden
destrozar caminos y puentes. Pueden provocar
grandes grietas en el suelo.

☑ **Revisar la lectura** **Secuencia** Subraya el
primer suceso que ocurre en un terremoto.

camino dañado por un terremoto

Inundaciones y desprendimientos de tierra

INTERACTIVITY

Completa una actividad sobre cómo la superficie de la Tierra cambia rápidamente.

Una **inundación** es mucha agua que cubre rápidamente un terreno que no suele estar cubierto por agua. Una inundación puede ocurrir cuando las lluvias son muy fuertes durante mucho tiempo. El agua llena los ríos y los lagos hasta desbordarlos.

Otro suceso que causa un cambio rápido en la superficie es un **desprendimiento de tierra**. Ocurre cuando se cae un lado de una colina o una montaña. Puede ocurrir a causa de los terremotos y la erupción de volcanes. También, a causa de las lluvias fuertes y las inundaciones. El agua afloja el suelo. Una porción grande de tierra puede deslizarse cuesta abajo.

Identifica Encierra en un círculo todos los sucesos que causan un desprendimiento de tierra.

Misión Conexión

Di qué cambios rápidos podrían afectar un pueblo en la costa.

Prevenir inundaciones

Algunas ciudades corren peligro de inundarse. Son ciudades que están en valles y en otros lugares bajos. Cuando llueve mucho, los cuerpos de agua vecinos pueden desbordarse. Pueden inundar las ciudades.

Diseñar una solución ¿Cómo se podría proteger a la ciudad de una inundación? Dibuja y rotula tus ideas en el mapa.

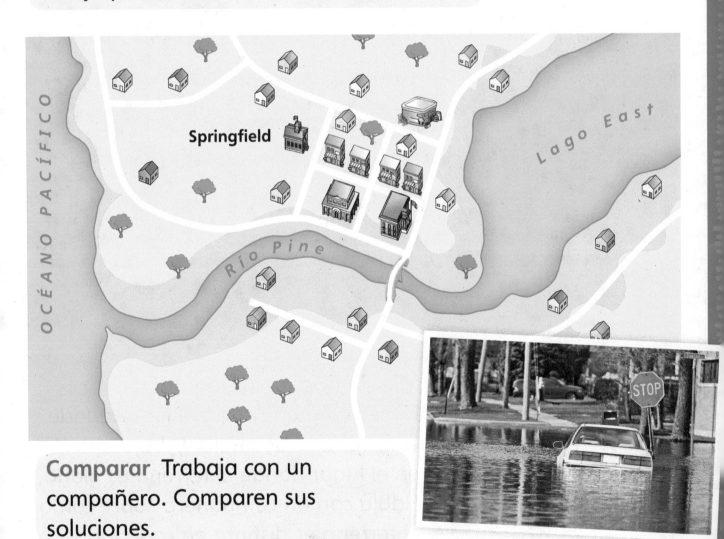

Comparar Trabaja con un compañero. Comparen sus soluciones.

La Tierra cambia lentamente

▶ VIDEO

Ve un video sobre cómo la Tierra cambia lentamente.

Vocabulario

degradación
erosión
sedimentación

Puedo investigar los cambios lentos que ocurren en la Tierra.

Puedo explicar cómo el viento y el agua pueden cambiar la forma del terreno.

2-ESS1-1

¡En marcha!

Mira la foto de las montañas. Encierra en un círculo el lugar donde el terreno se acumuló. Dibuja una X en el lugar donde el terreno es plano. Habla con un compañero sobre cómo el terreno es distinto en cada lugar.

túInvestigas Lab

¿Cómo cambian las montañas?

Los geólogos estudian las montañas para saber cómo se forman. ¿Cómo puedes hacer un modelo para investigar si las montañas cambian?

Diseñar y construir

☐ 1. Haz un plan para demostrar cómo el clima y los animales pueden cambiar una montaña. Usa todos los materiales. Muestra tu plan a tu maestro.

☐ 2. **Construye tu modelo.** Prueba tu modelo. Registra tus observaciones.

Observaciones

Evaluar el diseño

3. **Explicar** Di cómo tu modelo mostró lo que puede cambiar una montaña.

Materiales

- marga
- arena
- piedritas
- recipiente
- lentes de seguridad
- agua
- animal de juguete
- ventilador pequeño

Práctica de ciencias

Tú **creas un modelo** para mostrar cómo ocurren los eventos en la naturaleza.

⚠ Usa lentes de seguridad.

⚠ Ten cuidado al usar el ventilador.

⚠ Lávate las manos después del laboratorio.

Los movimientos de la Tierra y las montañas

INTERACTIVITY

Completa una actividad que explore los cambios lentos en la superficie de la Tierra.

Las montañas son parte de la superficie de la Tierra. Las montañas pueden medir entre cientos y miles de metros de altura. El terreno a su alrededor a veces es plano. Las montañas se forman cuando las capas de roca debajo de la superficie de la Tierra se empujan entre sí. Esos empujones hacen que el terreno se levante. Durante millones de años, esos empujones forman montañas muy altas.

Usar evidencia Lee sobre cómo se forman las montañas. Luego observa esta tabla. Usa los detalles de estas dos fuentes. Di por qué el proceso de formación de montañas es lento.

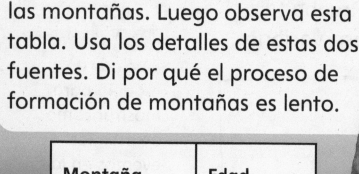

Montaña	Edad
Montes Apalaches	300-500 millones de años
Montañas del Himalaya	55 millones de años

La erosión y la sedimentación

Hay cambios lentos en la superficie de la Tierra que pueden llevar millones de años.

La **degradación** ocurre cuando se rompen las rocas. Las raíces de las plantas crecen en las grietas de las rocas. Las raíces pueden romper las rocas. El agua y el hielo también pueden romperlas.

La **erosión** ocurre cuando se quitan suelo, arena y pedacitos de roca. La lluvia, la nieve y el viento causan erosión. Las personas y los animales pueden erosionar la roca y la tierra cuando caminan por una montaña.

La **sedimentación** ocurre cuando el viento y el agua dejan caer arena, suelo y pedacitos de roca en un lugar nuevo. Los ríos dejan la mayor parte de estos materiales en los deltas, que son lugares donde los ríos llegan al océano.

Conceptos transversales
►Herramientas

Estabilidad y cambio Di en qué se diferencia la erosión de un terremoto. Di en qué se parecen.

Misión Conexión

Di cómo las olas del océano causan la erosión. Di por qué puede ser importante prevenirla.

¿Cómo afecta el océano a un pueblo costero?

Los ingenieros costeros estudian cómo las olas del océano afectan la costa y los pueblos costeros. ¿Cómo puedes observar estos procesos?

Materiales

- lentes de seguridad
- arena
- marga
- piedritas
- agua
- recipiente

Materiales recomendados

- cartón
- pegamento
- cinta adhesiva
- cuchara de plástico

Diseñar y construir

☐ **1.** Diseña un modelo para mostrar cómo las olas del océano afectan la costa y el pueblo. Haz un plan para probar tu modelo. Muestra el plan a tu maestro.

☐ **2.** Construye tu modelo. Prueba cómo las olas del océano afectan el terreno. Registra tus observaciones en papel.

Práctica de ingeniería

Tú **defines el problema** que debe resolverse.

Evaluar el diseño

3. Explicar Di qué aspecto tendría un pueblo costero después de unas horas de olas. Di qué aspecto tendría después de muchos años de olas.

⚠ Usa lentes de seguridad.

⚠ Lávate las manos después del laboratorio.

RESUÉLVELO CON Ciencia

¿Qué pasaría si dejara de haber cambios lentos en la Tierra?

Piensa en cómo la erosión, la degradación y la sedimentación afectan a una montaña y a un delta. Recuerda que estos cambios lentos están relacionados. Si un proceso se detiene o cambia, afecta a los demás procesos.

Usa evidencia de lo que aprendiste para completar esta oración:

Si dejara de haber erosión, degradación y sedimentación en la Tierra,

las montañas

_____

_____

y los deltas

_____

_____

Las personas pueden cambiar la Tierra

▶ **VIDEO**

Ve un video sobre cómo las personas pueden cambiar la Tierra.

Vocabulario

malecón

dique de contención

cortavientos

Puedo describir cómo las personas cambian la superficie de la Tierra.

¡En marcha!

Rompe una hoja de papel en pedacitos. Sóplalos. ¿Qué ocurrió? Ahora coloca las manos como si fueran una pared frente a los pedacitos de papel. Vuelve a soplar. ¿Qué ocurrió esta vez?

LABORATORIO PRÁCTICO

2-ESS2-1, SEP.2, SEP.6

¿Cómo protegen las plantas a los campos del _viento_?

Los ganaderos necesitan evitar que el suelo se vuele. ¿Cómo puedes diseñar una solución natural para proteger del viento al suelo de un campo?

Diseñar y construir

☐ **1. Diseña una solución** para mostrar cómo los ganaderos pueden usar plantas para proteger el suelo del viento.

☐ **2.** Haz un plan para probar tu diseño. Muestra tu plan a tu maestro.

☐ **3.** Construye tu modelo. Pruébalo antes y después de agregar los helechos. Registra tus observaciones en una hoja de papel.

Evaluar el diseño

4. Explicar Si no hay una solución que bloquee el viento, ¿cómo podría el viento afectar el suelo después de un tiempo prolongado?

_____

_____

_____

_____

Materiales

- marga
- recipiente
- lentes de seguridad
- helechos pequeños
- abanico de mano

Práctica de ingeniería

Tú **diseñas una solución** para resolver un problema.

⚠ Usa lentes de seguridad.

Cambios en el terreno

Una causa importante de erosión la son los cambios que las personas hacemos en el terreno. Cortamos árboles y construimos casas. Hacemos túneles que atraviesan las montañas y construimos caminos. Perforamos la superficie de la Tierra y extraemos rocas y minerales. Con muchos de estos cambios causamos erosión y sedimentación.

Algunos de los cambios que hacemos disminuyen la erosión y la sedimentación. Construimos estructuras para bloquear el viento.

INTERACTIVITY

Completa una actividad para explorar cómo las personas cambian el terreno.

☑ **Revisar la lectura** **Secuencia** Di qué ocurre en la superficie de la Tierra después de que las personas hacen túneles a través de las montañas para construir caminos.

Cambios en el agua

Las personas cambiamos los ambientes acuáticos de muchas maneras. Quitamos el agua de un lugar y luego allí construimos edificios. Cambiamos la forma en que corren los ríos. Construimos estructuras para evitar inundaciones. Construimos represas en los ríos. Las represas llevan agua a las ciudades.

Los ríos transportan suelo y rocas de la erosión como sedimento al océano. Nosotros quitamos los sedimentos de arena del fondo del mar para que los barcos puedan pasar. Algunos de estos cambios provocan erosión y sedimentación. Algunos de estos cambios disminuyen la erosión y la sedimentación.

Identifica Subraya qué cambios hacen las personas que creas que hacen más lentas la erosión o la sedimentación.

Represa Hoover

Misión Conexión

¿Cómo podría la erosión en las riberas de los ríos dañar las estructuras cercanas?

Detener el viento y el agua

Un **malecón** es un muro largo que se construye para frenar el agua del océano. Se construye para crear terrenos secos con terrenos que estaban debajo del agua.

Un **dique de contención** es un muro corto a lo largo de un río. Se construye para frenar el agua cuando sube de nivel. Los diques de contención protegen los campos de las granjas y las ciudades. Suelen estar hechos de tierra, arena y rocas.

Un **cortavientos** es una hilera de objetos que bloquean el viento. Puede estar hecha con árboles, arbustos o vallas.

Las plantas pueden impedir la erosión del suelo en laderas y colinas. Las raíces ayudan a que el suelo no se mueva.

dique de contención

Comprensión visual

Observa las fotos. Encierra en un círculo la estructura que podrías usar para evitar que el agua inunde un lugar que tiene muchas lluvias. Di cómo podrías usar la estructura.

malecón

Resolver problemas verbales El dique de contención A tiene 60 metros de largo. El dique de contención B tiene 45 metros de largo. ¿Qué dique es más largo? ¿Cuánto más largo es?

cortavientos

dique de contención

¿Cómo puedes (proteger) a un pueblo costero de la erosión?

Los ingenieros ambientales trabajan para disminuir o impedir la erosión en las costas. La erosión puede cambiar el ambiente natural de la costa. También puede dañar los edificios y los caminos. ¿Cómo puedes probar una solución para impedir la erosión?

Materiales
- arena
- marga
- agua
- recipiente
- lentes de seguridad

Materiales recomendados
- cartón
- palillos de manualidades
- piedritas
- pegamento
- cinta adhesiva

Diseñar y construir

☐ **1.** Decide qué materiales usarás.

☐ **2.** **Diseña una solución** que podría proteger un pueblo costero y la línea costera de las olas del océano. Dibuja tu diseño.

Práctica de ingeniería

Tú **diseñas una solución** para resolver un problema.

⚠ Usa lentes de seguridad.

⚠ Lávate las manos después del laboratorio.

3. Haz un plan para probar tu solución. Muestra el plan a tu maestro.

4. Construye un modelo. Prueba que tu solución frena las olas del océano.

Evaluar el diseño

5. **Analizar** ¿Cómo funcionó tu solución para proteger la costa y el pueblo costero?

_____

_____

_____

_____

_____

6. **Explicar** ¿Cómo podrías mejorar tu solución?

_____

_____

_____

_____

_____

Frena la erosión del viento

INTERACTIVITY

Completa una actividad en la que diseñas una forma de proteger una granja de la erosión.

Los obreros están cavando en una obra en construcción. Deben asegurarse de que el viento no sople la tierra mientras construyen.

¿Te gustaría ayudarlos a bloquear el viento?

Mejóralo

Los obreros instalaron una valla larga de forma rectangular. Es de plástico. El plástico está atado a postes de madera. Tiene unos agujeritos. La valla disminuye la velocidad del viento. Bloquea parte del viento. Aún se cuela algo de tierra por los agujeritos de la valla. Los obreros desearían usar una valla que no permita que pase la tierra.

¿Cómo puedes mejorar esta valla para impedir que pase la tierra?

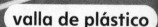

valla de plástico

☐ Haz una lista con las formas en que se puede cambiar la forma, el tamaño y los materiales de la valla para mejorarla.

☐ Di cómo tus mejoras impedirían que la tierra atraviese la valla.

☐ Dibuja tu diseño mejorado.

☐ Trabaja con un compañero. Comparen sus diseños.

STEM ¡Salva el pueblo!

¿Cómo podemos desacelerar los cambios en la superficie de la Tierra?

Piensa en los sucesos que cambian la superficie de la Tierra.

Muestra lo que encontraste

Piensa en tu solución para impedir que la erosión cambie la forma del terreno a lo largo de la costa. Compara tus datos de la prueba de tu diseño con los datos de un compañero.

¿Qué solución protegió mejor el pueblo costero? ¿Cuáles son las fortalezas y las debilidades de cada una? Encuentra una forma creativa de presentar tus datos y tus conclusiones frente a la clase.

MISIÓN CUMPLIDA ✓

Ingeniero ambiental

Los ingenieros ambientales trabajan para solucionar problemas de la tierra y del agua. Diseñan soluciones para frenar la erosión. Manejan sistemas para controlar el flujo del agua. Diseñan sistemas para manejar los desechos. Controlan la calidad del aire.

Algunos ingenieros ambientales trabajan para el gobierno. Algunos trabajan para empresas, como empresas de arquitectura y de ingeniería.

¿En qué tipo de proyectos te gustaría trabajar si fueras un ingeniero o una ingeniera ambiental?

_____

_____

_____

_____

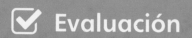

Pregunta esencial   ¿Qué puede causar cambios en el terreno?

Muestra lo que aprendiste

Dile a un compañero lo que aprendiste sobre los cambios lentos y los cambios rápidos en la superficie de la Tierra.

1. ¿Cuál de las siguientes opciones es un cambio lento en la superficie de la Tierra?

   a. un volcán

   b. un desprendimiento de tierra

   c. la erosión

   d. un terremoto

2. Escribe qué ocurre cuando una lluvia fuerte provoca un desprendimiento de tierra.

   _____

   _____

   _____

   _____

3. Di una forma en que las personas cambian el terreno y una forma en que cambian el agua.

_____

- -

_____

- -

_____

4. Todas las opciones siguientes afectan el movimiento del agua EXCEPTO

   a. un malecón.

   b. un dique de contención.

   c. una presa.

   d. un cortavientos.

5. Un ingeniero diseña un malecón alto y largo para una ciudad que está cerca de la playa. Otro ingeniero diseña un malecón bajo y corto. ¿Qué diseño crees que es mejor para frenar el agua? ¿Por qué?

_____

- -

_____

- -

_____

Lee y responde las preguntas 1 a 4.

En la ciudad de Nate, hay días que llueve mucho. Un río cercano se desborda. Nate ve que parte de una colina de su barrio se cayó al pie de la colina.

Nate está mirando un programa de noticias. Están entrevistando a una científica que señala en una tabla los sucesos de la Tierra y el tiempo que duran. Dice que hubo un desprendimiento de tierra en una colina y que hay dos formas de prevenir desprendimientos de tierra. Una es cubrir el suelo con capas de material. La otra es alejar el curso de los arroyos de los suelos débiles.

1. ¿Cuál fue la causa más probable del desprendimiento de tierra?
   a. la erosión   **c.** la sedimentación
   b. las lluvias fuertes   **d.** un terremoto

2. Compara las dos formas de prevenir desprendimientos de tierra. Escribe cuál crees que funcionaría mejor. Explica por qué.

_____

_____

_____

_____

3. Encierra en un círculo las palabras que completan la oración correctamente.

| El clima | Los diques de contención | Los cortavientos |

_____ a lo largo del río podrían proteger a la ciudad de Nate de las inundaciones.

4. Mira la información de la tabla.

Suceso	Duración del suceso
terremoto	La mayoría dura menos de un minuto.
erupción de un volcán	La mayoría dura menos de un año.
desprendimiento de tierra	La mayoría dura menos de tres minutos.
Sedimentación y erosión de una montaña	La mayoría ocurre a lo largo de millones de años.

Piensa en lo que sabes sobre los sucesos de la Tierra. Usa esta evidencia y la información de la tabla para describir qué tan rápido ocurren los sucesos en la Tierra.

_____

_____

_____

_____

_____

¿Cómo puedes comparar las **distintas** soluciones?

Los ingenieros prueban más de una solución a un problema para ver cuál es la mejor. Piensa cómo a veces el agua se lleva tierra de los jardines. Algunos jardineros ponen abono para demorar la erosión del suelo. Algunos usan tejidos a modo de vallas para atrapar la tierra y devolverla al terreno. ¿Cómo puedes probar estas soluciones para ver cuál es la mejor?

Probar la solución

☐ 1. Haz un plan para probar las dos soluciones para impedir que el agua se lleve el suelo. Muestra tu plan a tu maestro.

☐ 2. Construye tu modelo. Prueba una solución. Luego, prueba la otra solución. Registra tus observaciones.

Materiales

- marga
- palita de plástico
- agua
- paño de arpillera
- palillos de manualidades
- pegamento
- abono
- recipiente

Práctica de ingeniería

Tú comparas las soluciones para analizar la mejor forma de resolver un problema.

⚠️ Lávate las manos después del laboratorio.

Observaciones

Evaluar el diseño

3. **Compara tus soluciones** con las soluciones de otro grupo. ¿Cuáles son las fortalezas y las debilidades de cada diseño?

_____

_____

_____

_____

_____

_____

4. Di qué solución crees que dio mejor resultado para impedir que el suelo se lave. Explica tu respuesta.

Las plantas y los animales

Lección 1 Ciclos de vida de plantas y animales

Lección 2 Necesidades de las plantas

Lección 3 Necesidades de los animales

Lección 4 Los animales ayudan a las plantas a reproducirse

Estándares de Ciencias para la Próxima Generación

2-LS2-1 Planear y realizar una investigación para determinar si las plantas necesitan luz solar y agua para crecer.

2-LS2-2 Desarrollar un modelo sencillo que imite la función que cumple un animal en la dispersión de semillas o la polinización de las plantas.

2-LS4-1 Hacer observaciones de plantas y de animales para comparar la diversidad de la vida en diferentes hábitats.

K-2-ETS1-1 Hacer preguntas y observaciones y reunir información acerca de una situación que las personas quieran cambiar, con el fin de definir un problema sencillo que se pueda resolver por medio del desarrollo de un objeto o una herramienta nueva o mejorada.

K-2-ETS1-2 Desarrollar un bosquejo, dibujo o modelo físico sencillo para ilustrar cómo la forma de un objeto ayuda a que funcione de la manera adecuada para resolver un problema determinado.

K-2-ETS1-3 Analizar los datos de las pruebas de dos objetos diseñados para resolver el mismo problema, con el fin de comparar las fortalezas y debilidades del funcionamiento de cada uno.

ASSESSMENT

VIDEO

eTEXT

INTERACTIVITY

SCIENCE SONG

GAME

El Texto en línea está
disponible en español.

Pregunta esencial ¿Qué necesitan las plantas
y los animales para sobrevivir?

Muestra lo que sabes

¿Este animal se alimenta de plantas o
de otros animales? Di cómo lo sabes.

Ayuda a salvar la flor gigante

¿Cómo puedes ayudar al señor Larsen a cuidar la flor gigante?

Hola. Soy el señor Larsen. Soy botánico. Estoy cuidando una planta que se llama *Rafflesia arnoldii* o "flor cadáver". Esta planta es diferente de las demás: no tiene hojas, tallo ni raíces. No produce su propia comida. Saca la comida de la enredadera donde vive. ¡La flor tiene cerca de un metro de ancho y huele a carne podrida! ¿Puedes diseñar una guía para ayudarme a cuidar esta flor gigante? En el camino están las actividades de la Misión que completarás a lo largo de este tema. Al completar cada actividad, marca tu progreso para indicar que es una **MISIÓN CUMPLIDA** ✓.

Misión Control 1

Lección 1

Ayuda a decidir qué necesita la rafflesia para sobrevivir.

Estándares de Ciencias para la Próxima Generación

2-LS2-1. Planear y realizar una investigación para determinar si las plantas necesitan luz solar y agua para crecer.

2-LS2-2. Desarrollar un modelo sencillo que imite la función que cumple un animal en la dispersión de semillas o la polinización de las plantas.

VIDEO

Ve una animación sobre un botánico.

Misión Control 3

Lección 3 ◆

Averigua qué ayuda a la rafflesia a reproducirse.

Misión Control: Lab 4

Lección 4 ▲

Poliniza algunas flores en el laboratorio.

Misión Control: Lab 2

Lección 2 ●

Decide qué incluir en tu guía para el cuidado de la salud de la rafflesia.

¡Hacia la flor gigante!

Misión Hallazgos

¡Termina la Misión! Piensa en una manera creativa de diseñar una guía para el cuidado de la salud de una planta. Comparte la guía con tus compañeros.

¿En qué son parecidos y diferentes las plantas y los animales?

LABORATORIO PRÁCTICO

2-LS4-1, SEP.3, SEP.4

Cuando los científicos descubren un nuevo ser vivo, registran datos para compararlo con otros seres vivos. ¿Cómo podemos reunir y registrar datos?

Materiales

- libros sobre plantas y animales
- Hoja de animales y plantas

Procedimiento

☐ 1. Observa las fotos del girasol y del leopardo.

☐ 2. Usa tus conocimientos para registrar tus datos en la Hoja de animales y plantas.

Práctica de ciencias

Tú planeas y realizas investigaciones para reunir datos y responder preguntas.

Analizar e interpretar datos

3. **Evaluar** ¿Qué necesitan tanto las plantas como los animales para sobrevivir? Dile a un compañero.

4. **Aplicar** Usa la evidencia que reuniste y escribe algunas de las cosas que necesita una planta para vivir.

Comparar y contrastar

 GAME

Practica lo que aprendiste con los Mini Games.

Los biólogos estudian a todos los seres vivos.
Las plantas y los animales son seres vivos.

Comparar significa buscar cosas parecidas.
Contrastar significa buscar cosas diferentes.

Los seres vivos

Los seres vivos pueden crecer y usan la comida para tener energía. Las plantas y los animales pueden crecer. Ambos necesitan comida. Las plantas producen su propia comida y los animales deben buscar comida para alimentarse. Algunos animales comen plantas. Algunos animales comen otros animales.

✔ **Revisar la lectura** Comparar y contrastar Busca otra lectura sobre los seres vivos. ¿Las ideas importantes son las mismas en las dos lecturas?

_____

_____

Ciclos de vida de plantas y animales

▶ **VIDEO**

Ve un video sobre los ciclos de vida.

Vocabulario

planta

animal

ciclo de vida

Puedo describir los ciclos de vida de algunas plantas y animales.

2-LS4-1

¡En marcha!

Mira la imagen. ¿Ves algún ser vivo joven y al mismo ser vivo de adulto? Di en qué se diferencian el joven y el adulto.

LABORATORIO
PRÁCTICO
2-LS4-2, SEP.4, SEP.8

¿Qué hay dentro de una semilla o un bulbo?

Algunas plantas crecen de semillas. Un frijol es una semilla. Otras plantas crecen de bulbos. Explora el interior de los frijoles y los bulbos.

Materiales

- bulbo de tulipán (cortado por la mitad)
- frijol de lima (cortado por la mitad)
- lupa

Procedimiento

☐ 1. Mira el bulbo y el frijol cortados.

☐ 2. Busca la plantita joven.
Dibuja lo que ves.

Práctica de ciencias

Tú haces y responde preguntas para explicar los fenómenos.

⚠ Lávate las manos.

Analizar e interpretar datos

3. **Inferir** ¿Qué crees que hacen las otras partes de la semilla y el bulbo por la planta joven?

_____
_____
_____
_____

Las plantas y los animales

Una **planta** es un ser vivo que puede usar energía del sol para producir su propia comida. Las plantas crecen en un solo lugar. Absorben agua y nutrientes del suelo.

Un **animal** es un ser vivo que no puede producir su propia comida. Los animales necesitan comer. Los perros, los pájaros, los insectos y las cabras son animales. Algunos animales comen plantas. Algunos comen animales. Algunos comen plantas y animales.

☑ **Revisar la lectura**

Comparar y contrastar Subraya en qué se parecen las plantas y los animales. Encierra en un círculo en qué se diferencian.

cabra

Misión Conexión

Di cómo pueden cambiar los cuidados que necesita una planta o un animal a lo largo de su ciclo de vida.

Los ciclos de vida de las plantas

El modo en que crecen y cambian las plantas y otros seres vivos se llama **ciclo de vida**. El ciclo de vida de muchas plantas empieza con una semilla. La semilla contiene lo que luego se convertirá en una pequeña planta joven.

La semilla tiene comida para ayudar al brote a empezar a crecer. Al brote le crece una raíz. La raíz crece hacia abajo en la tierra. Obtiene agua para el brote. A la planta joven le crecen hojas. Empieza a crecer hacia el sol. Obtiene energía del sol. A la planta adulta le crecen flores que después se convierten en frutos. Las semillas están dentro del fruto. Esas semillas vuelven a empezar el ciclo.

planta adulta

semillas

brote

planta joven

El ciclo de vida de la mariposa

La oruga come muchas hojas y crece.

Comprensión visual

Dibuja flechas para mostrar la dirección del ciclo de vida de la mariposa monarca.

La mariposa adulta pone huevos. Nace una oruga de cada huevo.

INTERACTIVITY

Conéctate en línea para aprender más sobre los ciclos de vida de plantas y animales.

La oruga deja de comer y forma una crisálida.

Entre diez y catorce días después, se convierte en una mariposa adulta. Bebe néctar de las flores para alimentarse.

Los ciclos de vida de los animales

Los animales tienen ciclos de vida. Los animales nacen, crecen, tienen crías y mueren.

El ciclo de vida de los animales empieza con un huevo. En el caso de algunos animales, el huevo está dentro de la madre. La madre dará a luz al bebé. La ballena da a luz a su ballenato.

En el caso de otros animales, el huevo está fuera de la madre. La cría sale del huevo. La tortuga sale de un huevo.

Algunos animales, como las tortugas, son parecidos a sus padres cuando nacen. Otros animales, como las ranas, tienen un aspecto distinto al nacer.

ballenas

tortugas

renacuajo

rana

Lectura ▸ Herramientas

Comparar y contrastar Encierra en un círculo palabras que describan dónde crece el huevo de una ballena. Subraya dónde crecen los huevos de una tortuga.

Ciclo de vida

Los seres vivos tienen ciclos de vida que incluyen el nacimiento, el crecimiento hasta ser adultos, la reproducción y la muerte.

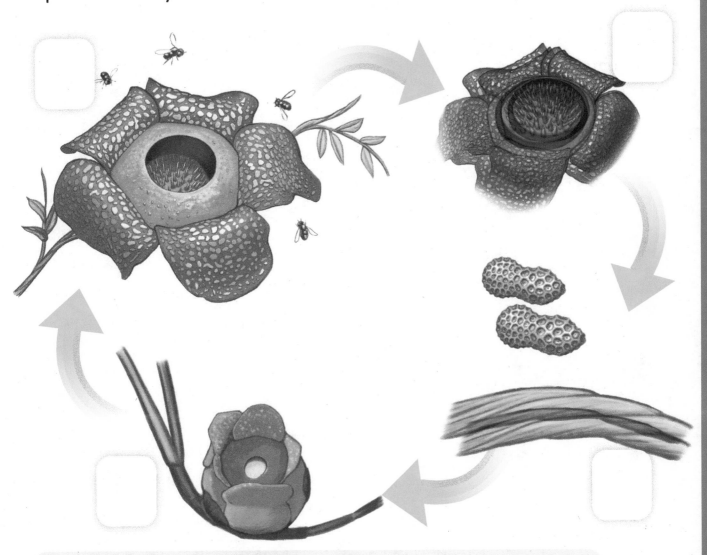

Escribe la letra de la descripción en el espacio junto a cada imagen.

A. La semilla se adhiere a la enredadera.

B. Se desarrolla la flor.

C. Las moscas la polinizan.

D. La semilla se desarrolla.

Lección 2

Necesidades de las plantas

Puedo explicar que las plantas necesitan luz solar, aire, agua, espacio y nutrientes.

2-LS2-1, 2-LS4-1

¡En marcha!

¿Tú o alguien que conozcas se ocupan de cuidar plantas? Dile a un compañero algo que haces para cuidar plantas.

túInvestigas Lab

¿Qué necesitan las (plantas) para crecer?

Materiales

- plantas
- agua

Los biólogos se aseguran de que las plantas estén sanas y tengan lo que necesitan para crecer. ¿Qué crees tú que necesitan las plantas?

Procedimiento

☐ 1. **Planea una investigación** para comprobar si las plantas necesitan luz solar o agua para crecer.

☐ 2. **Muestra** tu diseño a tu maestro.

☐ 3. **Prepara y comienza** tu investigación. Revisa tus plantas todos los días.

Práctica de ciencias

Tú planeas una investigación para responder una pregunta.

Analizar e interpretar datos

4. **Compara** tus plantas con las de otros grupos. Di lo que notas.

5. **Compara** en qué se parecen las necesidades de las plantas a las de otros seres vivos.

_____

_____

_____

_____

Lo que necesitan las plantas

Las plantas necesitan energía de la luz solar. Usan luz solar, aire, agua y nutrientes del suelo para producir comida y oxígeno. Un **nutriente** es un material que ayuda a los seres vivos a crecer. Los nutrientes y la luz solar ayudan a la planta a producir comida.

La planta usa la comida que produce para crecer. Las plantas que no obtienen lo que necesitan no crecerán bien. Las plantas sin suficiente espacio serán pequeñas. Si una planta no obtiene lo que necesita durante mucho tiempo, puede morir.

Identificar Marca con una **X** las cosas que las plantas necesitan para vivir.

Las partes de las plantas

Las plantas tienen partes que las ayudan a obtener lo que necesitan para producir comida y crecer. Todas las plantas tienen raíces, tallos y hojas.

INTERACTIVITY

Conéctate en línea para aprender más sobre cómo las partes de las plantas ayudan a las plantas a satisfacer sus necesidades.

La raíz ayuda a la planta a quedarse en el suelo. También la ayuda a obtener el agua y los nutrientes que necesita para crecer. El tallo lleva el agua y los nutrientes de la raíz a las hojas. También lleva la comida que producen las hojas a otras partes de la planta. El tallo también ayuda a la planta a mantenerse en pie. Las hojas toman la luz solar y el aire para producir comida para la planta. Las hojas también producen el oxígeno que necesitan los animales y las personas.

☑ **Revisar la lectura** Comparar y contrastar Encierra en un círculo tres cosas que tienen todas las plantas.

Misión Conexión

¿Qué debería decir una guía sobre plantas sobre algo que las plantas necesitan?

¿Cómo puedes ver cómo funcionan las partes de las plantas?

Materiales

- planta en maceta
- zanahoria con hojas
- apio con hojas
- colorante vegetal

La mayoría de las plantas tienen raíz, tallo y hojas. ¿Cómo funcionan?

Práctica de ciencias

Tú **observas** para aprender más acerca de las cosas.

Procedimiento

☐ 1. **Observa** la zanahoria y la planta en maceta. Identifica si tienen raíz, tallo y hojas.

☐ 2. Haz un plan para observar cómo el agua y los nutrientes pasan de una parte de la planta a otra. Usa los materiales que no has usado todavía. Muestra tu plan a tu maestro.

☐ 3. Realiza tu investigación.

☐ 4. Compara tus observaciones con las de otro grupo.

⚠ **No te lleves los materiales a la boca.**

Analizar e interpretar datos

5. **Comparar** ¿En qué se parece la planta en maceta a la zanahoria?

_____

_____

_____

_____

6. **Explicar** ¿Cómo sabes que el agua se mueve por las plantas?

_____

_____

_____

_____

7. **Evaluar** ¿Por qué es importante conocer las partes de las plantas para hacer una guía para el cuidado de su salud?

_____

_____

_____

_____

Lección 3

Necesidades de los animales

▶ **VIDEO**

Ve un video sobre las necesidades de los animales.

Vocabulario

refugio

Puedo explicar que los animales necesitan comida, oxígeno, agua y refugio.

2-LS2-2, 2-LS4-1

¡En marcha!

¿Tienes mascota? ¿Cómo la cuidas? Actúa como la mascota que tienes o que te gustaría tener. Intenta que un compañero adivine qué necesita esa mascota.

¿Qué necesitan los animales?

Todos los animales tienen necesidades. ¿Cómo puedes satisfacer las necesidades de una mascota pequeña?

Procedimiento

☐ 1. Piensa en la mascota que tienes o que te gustaría tener.

☐ 2. Piensa qué necesita ese animal para tener refugio, comida, aire y agua.

☐ 3. Haz una lista de cosas que necesitas para cuidar a la mascota.

Analizar e interpretar datos

4. **Explicar** ¿Qué comerá tu animal?

_____

_____

5. **Describir** ¿Qué clase de refugio necesita tu animal?

_____

_____

6. **Evaluar** ¿Qué más necesitará tu animal?

_____

_____

Práctica de ciencias

Tú **obtienes información** para descubrir qué necesitan los seres vivos para vivir.

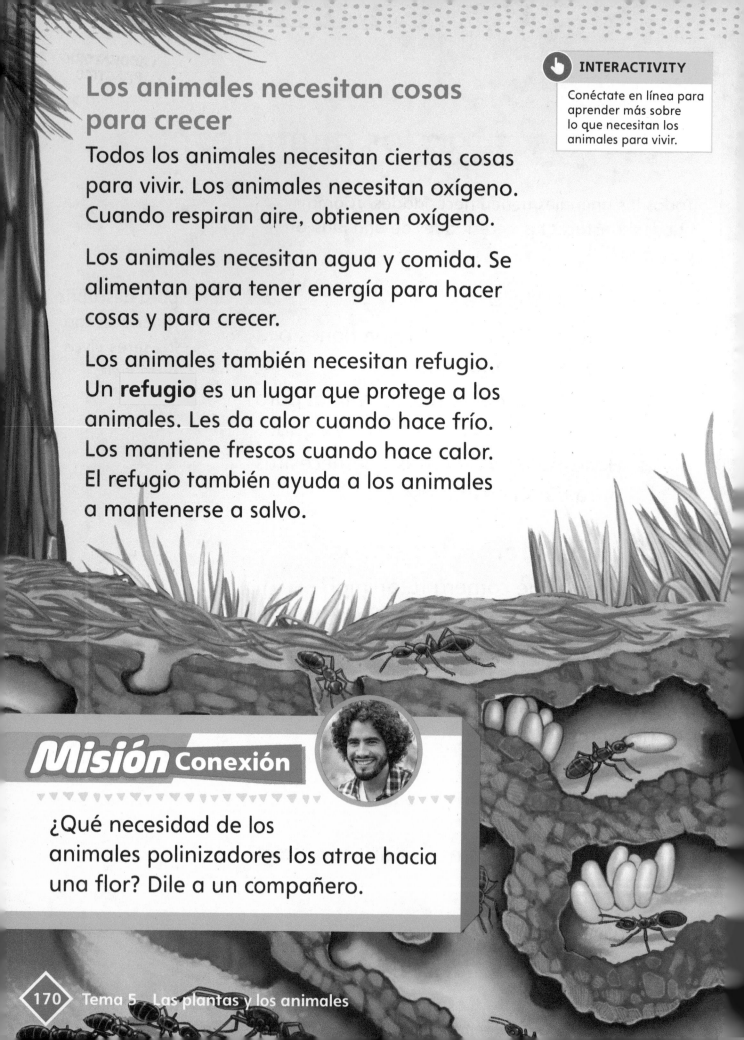

Los animales necesitan cosas para crecer

Todos los animales necesitan ciertas cosas para vivir. Los animales necesitan oxígeno. Cuando respiran aire, obtienen oxígeno.

Los animales necesitan agua y comida. Se alimentan para tener energía para hacer cosas y para crecer.

Los animales también necesitan refugio. Un **refugio** es un lugar que protege a los animales. Les da calor cuando hace frío. Los mantiene frescos cuando hace calor. El refugio también ayuda a los animales a mantenerse a salvo.

INTERACTIVITY

Conéctate en línea para aprender más sobre lo que necesitan los animales para vivir.

Misión Conexión

¿Qué necesidad de los animales polinizadores los atrae hacia una flor? Dile a un compañero.

Los animales necesitan espacio para moverse

Los animales necesitan moverse. Pueden correr, saltar, caminar, volar, nadar o colgarse de los árboles.

Los animales necesitan espacio para moverse. Algunos necesitan mucho espacio. El lobo necesita mucho espacio para cazar. A otros les basta con poco espacio. Una hormiga no necesita mucho espacio.

Matemáticas ►Herramientas

Restar Un pez grande necesita un tanque de 20 galones. Un pequeño caracol necesita un tanque de 10 galones. ¿Cuánto más grande debe ser el tanque para el pez?

☑ **Revisar la lectura** Comparar y contrastar

¿En qué se parecen un lobo y una hormiga? ¿En qué se diferencian?

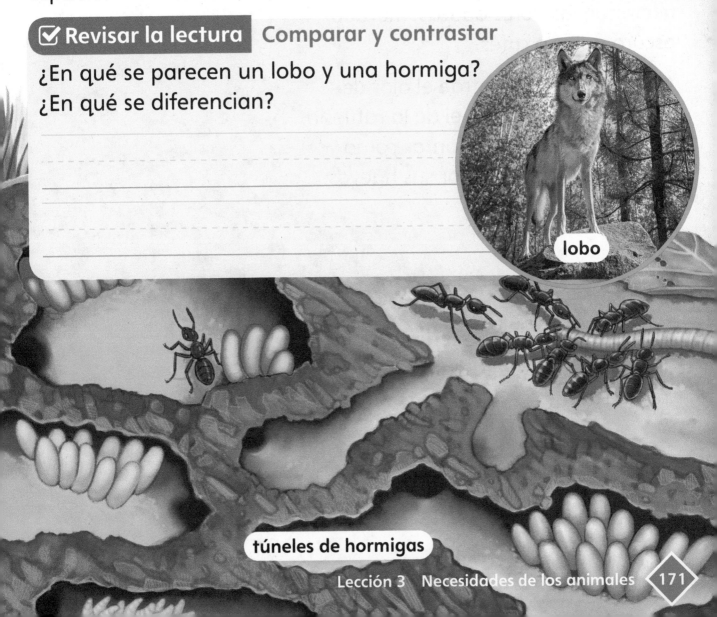

lobo

túneles de hormigas

Atraer moscas

Las moscas pueden ser polinizadores. Como a los pájaros, los murciélagos y las mariposas, a las moscas les gustan algunos colores y olores de las plantas.

Algunas moscas visitan las flores en busca de néctar. El néctar es una bebida dulce que les gusta a muchos animales. A las moscas les gusta el néctar de las flores opacas, morado oscuro, rojas o cafés.

A otras moscas les atrae el olor de cosas podridas, como el de la rafflesia. Las moscas usan las plantas como comida y para depositar sus huevos.

Identificar Encierra con un círculo las palabras que describen la flor cadáver.

Explicar ¿Cómo pueden ayudar las moscas a que la flor cadáver se reproduzca?

_____

_____

_____

_____

MISIÓN CUMPLIDA

El leopardo de las nieves

Los leopardos de las nieves viven en las montañas de Asia central. Viven en montañas muy altas y rocosas.

Los leopardos de las nieves comen otros animales. Usan su sentido del olfato para buscar comida. También dejan su propio olor. Su olor es un mensaje para otros leopardos de las nieves.

En el zoológico, los cuidadores se ocupan de que los leopardos de las nieves estén sanos. Les dan lugares altos y rocosos para vivir. Esconden comida en lugares altos. Los leopardos de las nieves deben trepar para hallar su comida.

Los biólogos dejan rastros de olores para ayudar a los leopardos de las nieves a encontrar la comida.

Describir ¿Cómo usan sus sentidos los leopardos de las nieves para buscar comida?

_____

_____

_____

_____

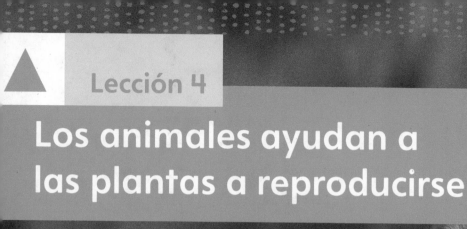

Los animales ayudan a las plantas a reproducirse

Vocabulario

dispersar

polinización

Puedo identificar las maneras en que algunos animales ayudan a las plantas a reproducirse.

2-LS2-2, K2-ETS1-2

¡En marcha!

¿Alguna vez encontraste semillas de plantas pegadas a tu cuerpo? Dibuja una semilla que se te haya pegado.

túInvestigas Lab

¿Cómo puedes hacer modelos para demostrar cómo los (animales) dispersan semillas?

Las semillas pueden viajar de muchas maneras. ¿Cómo dispersan algunas semillas los animales?

Materiales recomendados

- cinta adhesiva
- cierres
- cierre de gancho y bucle
- clips

Procedimiento

☐ **1.** Piensa en las semillas que se pegan al pelo o a la ropa. ¿Qué partes las ayudan a sostenerse?

_____

_____

_____

Práctica de ciencias

Tú **desarrollas y usas modelos** para entender cómo funciona algo.

☐ **2.** Elige materiales para hacer un modelo de semilla que pueda viajar en la ropa o en el pelo.

Analizar e interpretar datos

3. ¿Cómo se pega tu modelo a tu ropa?

_____

_____

_____

4. ¿En que se parece tu modelo a una semilla que se pega?

_____

_____

VIDEO

Ve un video sobre
dispersión de semillas
y polen.

Las semillas pueden viajar

Las semillas se pueden dispersar de muchas maneras. **Dispersar** significa repartir en varias direcciones. Algunas semillas pueden flotar por largas distancias. El coco es una semilla gigante que puede flotar.

Muchas semillas viajan en el viento. Las semillas del diente de león son livianas y mullidas. El viento las hace volar.

Algunas plantas dejan caer al suelo sus semillas. Otras tienen ganchos o partes que se pegan al pelo de los animales.

Algunos animales, como las ardillas, llevan semillas de un lugar a otro y hasta las entierran para comerlas después. A los animales les gusta comer fruta. Cuando comen frutas, también comen las semillas. Las semillas se dispersan en los desechos de los animales.

Predecir ¿Por qué sería útil que la ardilla se olvidara de dónde escondió las semillas?

El polen puede viajar

La **polinización** es la dispersión del polen de una flor a otra. La mayoría de las plantas necesitan polen para hacer semillas. El polen se puede mover con el viento o con los animales.

Los animales que mueven el polen se llaman polinizadores. Los animales visitan las flores para buscar néctar, una bebida dulce que se hace en las flores.

Muchas plantas necesitan que los animales, como las abejas, los colibríes, los murciélagos y las mariposas, lleven el polen de una flor a otra. El polen se pega a sus patas o a su pelo.

Algunas abejas tienen cestas especiales para colocar el polen en sus patas traseras. Tanto los animales como las plantas obtienen algo de la polinización. Los animales obtienen comida y las plantas pueden hacer más semillas.

Misión Conexión

¿Cómo ayudan los animales a que las plantas produzcan más plantas?

¿Qué es la polinización?

Materiales

- flor de azucena
- aplicador de algodón

Los insectos, el viento, los pájaros y los murciélagos mueven el polen entre las plantas con flores. El polen de la antera de una flor viaja hasta el estigma de otra flor para encontrarse con un huevo llamado óvulo. Así, la flor puede hacer semillas y producir nuevas plantas.

Práctica de ciencias

Tú planeas y realizas investigaciones para responder preguntas científicas.

Procedimiento

- [ ] **1.** Usa la foto para ayudarte a encontrar la antera y el estigma de la flor.
- [ ] **2.** Toca la antera de la flor con el aplicador de algodón.
- [ ] **3.** Observa la punta del aplicador de algodón. Tendrá polen encima. ¿Cómo se ve?
- [ ] **4.** Toca el estigma de la flor con la misma punta del aplicador de algodón.

mosca cubierta de polen

Analizar e interpretar datos

5. ¿Cómo se veía el polen?

_____

- - - - - - - - - - - - - - - - -

_____

6. ¿Qué pasará si el polen se encuentra con el óvulo?

_____

- - - - - - - - - - - - - - - - -

_____

7. ¿Cómo suele llegar el polen hasta el estigma?

_____

- - - - - - - - - - - - - - - - -

_____

8. ¿Cómo dispersa el polen la rafflesia?

_____

- - - - - - - - - - - - - - - - -

_____

antera

estigma

Aquí está el zumbido

Los ingenieros construyeron una abeja robot. Se llama RoboBee. Ayudará a polinizar los cultivos. Luego de construir un robot, hay que decirle qué hacer. Escribe un código para tu propia abeja robot.

Ayuda a tu abeja robot a mover el polen de una flor a otra. Luego, devuélvela a su colmena.

INTERACTIVITY

Conéctate en línea para averiguar cómo puede usarse Robobee, una abeja robot, para transportar polen de una planta a otra.

Diséñalo

Escribe un código para ayudar a las abejas a polinizar las flores de un jardín. Puedes usar números, letras o flechas.

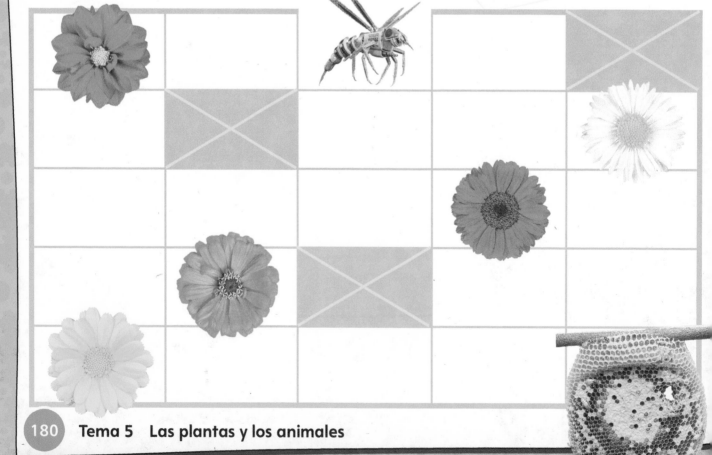

Tus símbolos del código

▶	▼	◀	▲
Moverse a la derecha un espacio	Moverse hacia abajo un espacio	Moverse a la izquierda un espacio	Moverse hacia arriba un espacio

Tu código

1.	2.	3.	4.	5.	6.	7.	8.
9.	10.	11.	12.	13.	14.	15.	16.

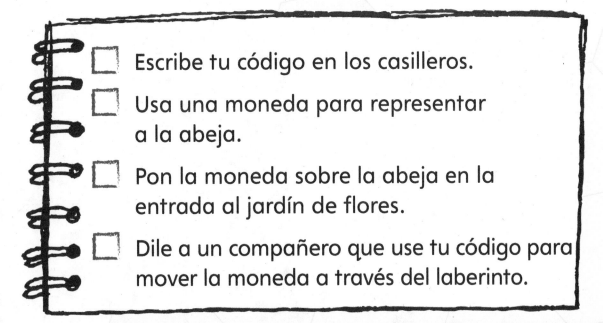

☐ Escribe tu código en los casilleros.

☐ Usa una moneda para representar a la abeja.

☐ Pon la moneda sobre la abeja en la entrada al jardín de flores.

☐ Dile a un compañero que use tu código para mover la moneda a través del laberinto.

INTERACTIVITY

Organiza los datos para apoyar tus hallazgos de la Misión.

Ayuda a salvar la flor gigante

¿Cómo puedes ayudar al señor Larsen a cuidar la flor gigante?

Escribe tu guía para ayudar al señor Larsen a cuidar de la rafflesia o de otra planta. Usa lo que sabes sobre lo que necesitan la rafflesia y sus polinizadores como ayuda para planear la guía.

Muestra lo que encontraste

Piensa en lo que aprendiste sobre plantas y animales en este tema. ¿Cómo trabajan juntos la rafflesia y sus polinizadores para sobrevivir y reproducirse?

MISIÓN CUMPLIDA ✓

Botánico

Los botánicos son los científicos que estudian a las plantas. Hay tantos tipos diferentes de plantas que los botánicos suelen elegir un grupo de plantas para estudiar. Pueden enseñar a los agricultores a cuidar sus cultivos. Pueden desarrollar plantas nuevas con muchas flores. Algunos botánicos viajan a lugares lejanos para descubrir plantas desconocidas. Los botánicos también pueden estudiar cómo interactúan las plantas y los animales. Los botánicos son importantes porque dependemos de las plantas para obtener cosas que necesitamos, como el oxígeno y la comida.

¿Qué pregunta podría estudiar un botánico?

_____

_____

_____

Pregunta esencial

¿Qué necesitan las plantas y los animales para sobrevivir?

Muestra lo que aprendiste

Dile a un compañero cómo puedes cuidar una planta o un animal en tu casa.

1. ¿De dónde saca una planta la energía para producir comida?
   a. del agua
   b. de la luz solar
   c. del aire
   d. del espacio

2. ¿De dónde obtienen los animales la energía que necesitan?
   a. del aire
   b. del agua
   c. de la comida
   d. de la luz solar

3. Dibuja las etapas del ciclo de vida de una planta.

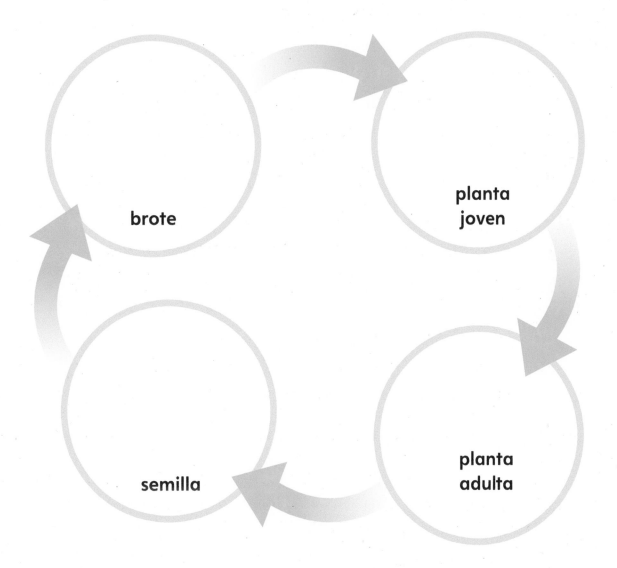

4. ¿Por qué son útiles los animales para las plantas?

    a. Los animales mueven las semillas.

    b. Los animales protegen a las plantas.

    c. Los animales alimentan a las plantas.

    d. Los animales dan refugio a las plantas.

Lee esta situación y responde las preguntas.

En clase, Mateo estudia las plantas y los animales. En su casa, decide hacer un diario de la naturaleza para registrar lo que observa en su patio. Hizo observaciones muy interesantes. Ayuda a Mateo a interpretar sus observaciones.

1. Mateo tiene dos plantas en su patio. La planta que está al sol se ve más sana que la planta que está a la sombra. ¿Cuál es la mejor explicación para esta observación?
    a. Las plantas necesitan agua.
    b. Las plantas necesitan aire.
    c. Las plantas necesitan refugio.
    d. Las plantas necesitan luz solar.

2. Mateo ve un colibrí que vuela de una flor a otra. ¿Cuál es la mejor explicación para esta observación?
    a. Los animales necesitan aire.
    b. Los animales necesitan comida.
    c. Los animales necesitan refugio.
    d. Los animales necesitan agua.

3. Cuando el colibrí visita las flores, ¿qué es probable que lleve de una planta a otra?

   a. semillas

   b. agua

   c. polen

   d. pétalos

4. Mateo observa una planta de fresa en su patio. Si los animales se comen las fresas, ¿qué pasará con las semillas?

   a. Morirán.

   b. Crecerán.

   c. Encontrarán comida.

   d. Las moverán.

5. Mateo ve una oruga grande que cuelga cabeza abajo de una ramita. ¿Qué sucederá luego?

   a. Pondrá huevos.

   b. Formará una crisálida.

   c. Se reproducirá.

   d. Se convertirá en mariposa.

¿Cómo produce oxígeno una planta?

Materiales

- tazón de plástico transparente
- elodea
- frascos de plástico transparentes
- luz solar
- agua
- lupa

Los biólogos saben que las plantas necesitan luz solar para producir oxígeno. ¿Cómo puedes demostrar que una planta necesita luz solar para producir oxígeno?

Procedimiento

☐ **1.** Haz un plan para demostrar que las plantas necesitan luz solar para producir oxígeno.

☐ **2.** Muestra tu plan a tu maestro.

☐ **3.** Realiza tu investigación.

Práctica de ciencias

Tú planeas y realizas investigaciones para responder a preguntas científicas.

Observaciones

Analizar e interpretar datos

4. **Explicar** ¿Cómo te das cuenta de que se libera oxígeno?

_____

- -

_____

5. **Sacar conclusiones** ¿Cómo sabes que las plantas necesitan luz solar?

_____

- -

_____

Los hábitats

Lección 1 Identificar los hábitats

Lección 2 Los seres vivos y los hábitats de tierra

Lección 3 Los seres vivos y los hábitats de agua

Estándares de Ciencias para la Próxima Generación

2-LS4-1 Hacer observaciones de plantas y de animales para comparar la diversidad de la vida en diferentes hábitats.

ASSESSMENT

VIDEO

eTEXT

INTERACTIVITY

SCIENCE SONG

GAME

El Texto en línea está
disponible en español.

Pregunta esencial   ¿Cómo mantienen los hábitats a los seres vivos?

Muestra lo que sabes

Encierra en un círculo las necesidades de los seres vivos de la imagen.

Protege un hábitat

¿Por qué proteger un hábitat local?

¡Hola! Soy el señor Rollins. Soy ecólogo. Estudio las plantas y los animales y los lugares donde viven. Trabajo para proteger esos lugares.

Voy a hablar con los funcionarios de la ciudad. Ayúdame a encontrar razones para proteger un hábitat local. Tú escogerás el hábitat. Debes explicar por qué es importante el hábitat. Los hábitats satisfacen las necesidades de los seres vivos. Usa lo que aprendiste acerca de los hábitats.

En el camino están las actividades de la Misión que completarás a lo largo de este tema. Al completar cada actividad, marca tu progreso para indicar que es una MISIÓN CUMPLIDA ✓ .

Estándares de Ciencias para la Próxima Generación

2-LS4-1 Hacer observaciones de plantas y de animales para comparar la diversidad de la vida en diferentes hábitats.

Misión Control: Lab 1

Lección 1

Haz un modelo de una planta con hojas cerosas y de una planta sin hojas cerosas. Decide qué hábitats serán mejores para estas plantas.

Misión Control 2

Lección 2

Explora la diversidad de dos hábitats de tierra.

Misión Control 3

Lección 3

Investiga por qué algunos animales viven en hábitats de agua.

Misión Hallazgos

¡Termina la Misión! Encuentra una manera de ayudar al señor Rollins a proteger un hábitat local.

LABORATORIO PRÁCTICO

2-LS4-1, SEP.3, SEP.4

¿Qué hay allí afuera?

Los científicos aprenden sobre distintas zonas observándolas. ¿Cómo puedes observar los seres vivos y los objetos inertes de una zona cercana a tu casa?

Materiales recomendados

- lupa
- frasco
- regla

Procedimiento

☐ **1.** Observarás con tu clase un área cercana. ¿Cómo puedes observar los seres vivos y los objetos inertes en esa área?

_____

- - - - - - - - - - - - - - -

_____

Práctica de ciencias

Los científicos **hacen observaciones** para entender detalles acerca de algo.

☐ **2.** Elige qué materiales usar. **Observa** el área. Reúne datos sobre los seres vivos y los objetos inertes.

Analizar e interpretar datos

3 **Explicar** Di cuántos tipos de seres vivos distintos observaste.

4. **Inferir** ¿Cómo crees que los objetos inertes ayudan a los seres vivos de esa área?

⚠ Lávate las manos después de reunir los seres vivos y los objetos inertes.

_____

_____

_____

_____

Idea principal y detalles

Los científicos estudian distintas zonas. Lee acerca de la idea principal y los detalles de las pozas de marea.

La idea principal es de qué tratan las oraciones. Los detalles hablan de la idea principal.

GAME

Practica lo que aprendiste con los Mini Games.

Pozas de marea

Las pozas de marea son el hogar de muchos animales. Una poza de marea es un área que se encuentra en algunas costas marinas. Las mareas llenan las áreas rocosas de agua. El agua se queda allí cuando la marea se retira. Algunos seres vivos pequeños quedan atrapados en las pozas de marea. Allí encuentran los recursos que necesitan para sobrevivir.

☑ **Revisar la lectura** Idea principal y detalles

Di dónde están las pozas de marea. Di cómo se forman. Usa detalles del texto.

Pozas de marea con agua en marea baja

Identificar los hábitats

▶ **VIDEO**

Ve un video sobre los hábitats.

Vocabulario

hábitat

diversidad

adaptación

Puedo explicar que las plantas y los animales obtienen lo que necesitan de sus hábitats.

Puedo identificar distintos hábitats.

2-LS4-1

¡En marcha!

Mira el hábitat. Actúa como un animal que podría vivir aquí. Pide a un compañero que adivine qué animal es. Repitan la actividad por turnos.

¿Quién vive en la pradera?

Los científicos estudian qué plantas y animales viven en un lugar para aprender más acerca de las necesidades de los seres vivos. ¿Cómo usan los seres vivos los recursos de ese lugar?

Procedimiento

☐ 1. Observa la Hoja de la pradera.

☐ 2. ¿Qué necesitan los seres vivos para vivir en la pradera?

_____

_____

_____

_____

☐ 3. Usa la Hoja de ¿Quién vive en la pradera? Recorta los seres vivos que pueden satisfacer sus necesidades en la pradera. Pégalos en la pradera.

Analizar e interpretar datos

4. Di qué seres vivos incluiste y cuáles no incluiste. ¿Por qué?

Materiales

- Hoja de la pradera
- Hoja de ¿Quién vive en la pradera?
- barra de pegamento
- tijeras

Práctica de ciencias

Tú **observas** cuando miras las cosas con atención.

 Ten cuidado cuando uses las tijeras.

Los hábitats

Hay seres vivos en toda la Tierra. Viven en distintos hábitats. Un **hábitat** es el lugar en que vive una planta o un animal. Los hábitats satisfacen las necesidades básicas de los seres vivos.

Hay hábitats en la tierra y en el agua. Algunos hábitats son grandes. Otros son pequeños. El océano, un bosque y una pradera son hábitats grandes. El suelo que está debajo de una roca es un hábitat pequeño.

Comparar y contrastar Dibuja un animal que podría vivir en este hábitat de agua. Di en qué se parecería o en qué se diferenciaría de los otros animales de la foto.

Los seres vivos y sus hábitats

Los hábitats de tierra y de agua mantienen a los seres vivos de distintas maneras. La **diversidad** es la cantidad de animales y plantas distintos que viven en un lugar.

Las **adaptaciones** son las características de un ser vivo que lo ayudan a sobrevivir en su hábitat. Por ejemplo, los peces tienen branquias. Las branquias ayudan a los peces a respirar debajo del agua. Un pez vive en un arrecife de coral. El pez es colorido. El color es una adaptación que ayuda al pez a sobrevivir.

 INTERACTIVITY

Completa una actividad sobre los seres vivos y sus hábitats.

Lectura ▸Herramientas

Idea principal y detalles Lee acerca de los seres vivos y sus hábitats. Subraya la idea principal. Encierra un detalle en un círculo.

arrecife de coral

Misión Conexión

Describe un hábitat que esté cerca de tu escuela o tu casa. ¿Por qué debería protegerse ese hábitat?

¿Qué hábitat es mejor?

Los científicos reúnen y comparan datos sobre una planta para aprender sobre su hábitat. ¿Qué datos puedes reunir para aprender sobre el hábitat de las plantas con hojas cerosas y las plantas sin hojas cerosas?

Materiales

- papel encerado
- botella de agua con atomizador
- Formas de hojas
- tijeras
- 2 toallas de papel

Procedimiento

☐ **1.** Usa todos los materiales. Haz un plan para mostrar cómo afecta el agua a una planta con hojas cerosas y cómo afecta a una planta sin hojas cerosas.

☐ **2.** Muestra tu plan a tu maestro. Anota tus observaciones. **Compara tus datos** con los de otro grupo.

Práctica de ciencias

Los científicos **comparan datos** con otros científicos para verificar sus resultados.

 Ten cuidado cuando uses las tijeras.

Observaciones

Analizar e interpretar datos

3. Comparar ¿Qué mostraron tus datos sobre los hábitats de las plantas con hojas cerosas y de las plantas sin hojas cerosas?

_____

_____

_____

_____

4. Inferir Elige uno de los tipos de planta. ¿Cómo podrías proteger el hábitat en el que vive?

_____

_____

_____

_____

_____

▶ **VIDEO**

Ve un video sobre un plan para crear un hábitat para cultivar plantas en Marte.

¡Haz un plan para crear un hábitat en Marte!

Algunos científicos quieren que las personas vivan en Marte. Recuerda que las personas necesitan alimento y agua. Necesitan refugio y aire. Los hábitats de Marte no tienen esos recursos.

Si las personas pudieran cultivar alimento en Marte, ¡se resolvería un gran problema! Pero las plantas no crecen en Marte. No hay nutrientes ni agua en el suelo. ¿Cómo puedes ayudar a resolver ese problema?

Defínelo

Ahora haz un plan para crear un hábitat para las plantas en Marte. Describe las cosas que las plantas necesitan para sobrevivir.

☐ Haz una lluvia de ideas de las características que tendría que tener un hábitat en Marte.

Debería tener	No debería tener

□ Dibuja una solución que ayude a las plantas a sobrevivir en Marte. Rotula las partes de tu solución.

□ Describe cómo tu solución ayuda a resolver el problema.

□ Comparte tu plan con un compañero. Dile cómo tu plan permitiría que la gente viva en Marte.

Los seres vivos y los hábitats de tierra

▶ **VIDEO**

Ve un video sobre hábitats de tierra extremos.

Vocabulario

tundra

Puedo identificar dónde viven las plantas y los animales de tierra.

2-LS4-1

¡En marcha!

Mira la imagen. Encierra en un círculo cinco animales que viven en este bosque.

¿Qué necesitan las plantas de tierra?

Los científicos pueden hacer un modelo de un hábitat para estudiar los seres vivos. ¿Cómo puedes descubrir qué tipo de hábitat es mejor para una planta?

Materiales

- semillas de rábano
- tierra
- agua
- vasos de plástico
- guantes

Procedimiento

☐ **1.** Haz un plan para comparar cómo crece una planta en la tierra y en el agua. Muestra tu plan a tu maestro. Sigue tu plan.

☐ **2.** Observa cómo crecen las semillas por diez días. Registra tus observaciones.

Práctica de ciencias

Los científicos se comunican con otros científicos para compartir sus hallazgos e ideas.

Día	Semillas en tierra	Semillas en agua

 Lava tus manos después de tocar las semillas y la tierra.

Analizar e interpretar datos

3. **Comunica** tus resultados a otro grupo. Di qué necesitan las plantas y qué hábitat es mejor.

Bosques

En todo el mundo crecen distintos tipos de bosques. El bosque tropical lluvioso crece en áreas calientes y soleadas. Allí llueve a menudo. Son el hábitat de tierra más diverso. Otros bosques tienen árboles con hojas que cambian de color en el otoño. Las hojas caen de los árboles en invierno. Las hojas vuelven a crecer en primavera. La temperatura cambia de estación en estación.

bosque en otoño

Desiertos

Los desiertos son secos. Reciben muy poca lluvia. Pocas plantas y animales viven en los desiertos. Las plantas del desierto se tienen que adaptar. Por ejemplo, los cactus tienen cubiertas cerosas que les permiten retener el agua.

Tundra

Las **tundras** árticas son hábitats llanos y muy fríos. Están cerca del Polo Norte. El suelo de las tundras está congelado. Reciben muy poca lluvia. Tienen poca diversidad.

Analizar ¿Qué hábitat tiene más diversidad? Pon una marca junto al nombre de ese hábitat de tierra. Di por qué crees que ese hábitat es el más diverso.

Práctica de ciencias
► **Herramientas**

Planea una investigación
¿Cómo investigarías qué hábitat de tierra tiene más diversidad?

tundra

desierto

Praderas

Las praderas son el hogar de distintos
tipos de pastos y arbustos. Pocos árboles
pueden crecer en la pradera. La pradera
puede ser fría o caliente. Las plantas y
los animales que viven en la pradera
se tienen que adaptar. Por ejemplo,
el bisonte tiene un pelo lanudo que lo
mantiene abrigado.

INTERACTIVITY

Completa una actividad
para comparar hábitats
de tierra.

Misión Conexión

¿Qué plantas y animales viven en un
hábitat de tierra cercano a tu hogar?

Diversidad de los hábitats

Algunos hábitats tienen más diversidad que otros. La diversidad es una de las razones por las que hay que proteger muchos hábitats distintos.

Mira los dos hábitats.

Identificar Cuenta los tipos de seres vivos que se muestran en cada hábitat. Escribe el número en el recuadro.

Analizar ¿Qué hábitat es más diverso? ¿Por qué crees que es más diverso?

Los seres vivos y los hábitats de agua

Vocabulario

humedal

marisma

pantano

Puedo identificar dónde viven las plantas y los animales de agua.

2-LS4-1

¡En marcha!

Encierra en un círculo una adaptación de un ser vivo en la imagen. Di por qué la adaptación ayuda al ser vivo a sobrevivir en el agua.

LABORATORIO PRÁCTICO

2-LS4-1, SEP.2, SEP.3

¿Cómo sobreviven las plantas en el agua?

Los científicos hacen modelos de los seres vivos para estudiar sus adaptaciones. ¿Qué adaptaciones ayudan a una planta a vivir en el agua?

Diseñar y construir

☐ 1. **Diseña un modelo** de una planta de agua. Dibuja y rotula tu diseño. Muestra tu diseño a tu maestro.

Materiales

- recipiente con agua

Materiales recomendados

- plastilina
- grava
- limpiapipas
- clips
- pedazos de corcho
- papel de aluminio
- cordel
- palillos de manualidades

☐ 2. Elige qué materiales usarás. Construye y prueba tu modelo.

Evaluar el diseño

3. ¿Qué adaptaciones necesitan las plantas en un hábitat de agua? ¿Cómo lo sabes?

_____

_____

_____

_____

Práctica de ciencias

Los científicos diseñan modelos para explicar cómo funcionan las cosas.

El océano

El océano es un gran cuerpo de agua salada. Algunos hábitats del océano son calientes. Otros son fríos. Algunos están congelados.

En el océano viven distintas plantas y animales. Algunos viven en lo profundo del océano. Otros viven cerca de la superficie. Otros viven cerca de la costa.

▶ **VIDEO**

Ve un video sobre un hábitat de arrecife de coral.

Comprensión visual

Mira las imágenes. Explica qué obtienen estos seres vivos del hábitat del océano.

_____

_____

_____

_____

Conectar conceptos ▸ Herramientas

Estructura y función

Los cuerpos de las ballenas están adaptados a la vida en el océano. Las gruesas capas de grasa las protegen del frío. Los pulmones grandes permiten que se sumerjan hasta las profundidades. ¿Qué otras dos adaptaciones puedes ver?

Ríos y arroyos

La mayoría de los ríos y arroyos son de agua dulce. Algunos ríos son anchos y recorren cientos de millas. Los arroyos son más pequeños que los ríos. El agua de los ríos y los arroyos puede fluir rápida o lentamente. Los ríos y los arroyos tienen una gran diversidad, que incluye plantas acuáticas y peces.

☑ **Revisar la lectura** **Idea principal y detalles** Encierra en un círculo el detalle que compara ríos y arroyos.

Misión Conexión

▼▼▼▼▼▼▼▼▼▼▼▼▼▼▼▼▼▼▼▼▼▼

¿Preferirías proteger un hábitat de agua o un hábitat de tierra? Explica tu elección.

salmones nadando en un río

INTERACTIVITY

Completa una actividad que explora las interacciones en los hábitats de agua.

Humedales

Un **humedal** es un hábitat que tiene tierra y agua. Puede estar cubierto de agua todo el tiempo o solo parte del tiempo. El suelo del humedal está casi siempre húmedo. Los humedales tienen mucha diversidad. Muchos animales usan los humedales para criar a sus crías.

Las marismas y los pantanos son humedales. Una **marisma** tiene plantas que son como el pasto. Un **pantano** tiene plantas que son como árboles. Las marismas y los pantanos pueden parecer estanques durante la temporada húmeda. Durante la temporada seca, el suelo sigue húmedo.

Comparar y contrastar Encierra en un círculo las palabras que describen en qué se parecen una marisma y un pantano. Subraya las palabras que describen en qué se diferencian.

un hábitat de pantano

¿Por qué algunos animales viven en el agua?

Los hábitats de agua satisfacen las necesidades básicas de los animales que viven allí. Esas necesidades son agua, refugio y alimento.

Hay diferentes hábitats de agua. Los animales que viven ahí tienen características que les permiten sobrevivir en el agua.

Identificar Mira las imágenes. Marca con una X el animal que no pertenece a un hábitat de agua. Di por qué crees que el animal no pertenece. Di por qué crees que los otros animales pertenecen.

Inferir ¿Por qué crees que es importante proteger muchos hábitats distintos?

_____

_____

_____

_____

MISIÓN CUMPLIDA

Sumar y restar

Una población es la cantidad de seres vivos en un hábitat. Las poblaciones cambian con el tiempo. Los científicos usan las matemáticas para calcular el tamaño de una población.

Había 60 delfines en un hábitat. En un año nacieron 32 delfines más, 7 delfines murieron y 10 se mudaron a otro hábitat.

Calcular ¿Cuántos delfines hay en la población ahora?

INTERACTIVITY

Aplica lo que aprendiste
en la Misión.

Protege un hábitat

¿Por qué proteger un hábitat local?

Piensa en todos los hábitats de tierra y de agua que estudiaste. ¿Cómo mantienen los hábitats a los seres vivos? ¿Por qué es importante proteger un hábitat? Es hora de elegir un hábitat para proteger.

Muestra lo que sabes

Comparte información sobre el hábitat que hayas elegido. ¡Sé creativo! Por ejemplo, puedes hacer un video, un cartel o una presentación de diapositivas. Incluye las características importantes del hábitat. Explica por qué el hábitat es importante. Di qué recursos tiene. Identifica qué seres vivos necesitan ese hábitat.

MISIÓN CUMPLIDA ✓

Ecólogo

Los ecólogos estudian los seres vivos y sus hábitats. Trabajan para proteger los hábitats. Algunos ecólogos viajan por todo el mundo. Otros trabajan en un laboratorio.

Los ecólogos quieren saber cómo interactúan los seres vivos y los objetos inertes. También quieren saber cómo usan sus hábitats los seres vivos.

Estos científicos comunican sus investigaciones a los gobiernos y a otros científicos. Sugieren maneras de proteger los distintos hábitats.

¿Te gustaría ser ecólogo o ecóloga? ¿Por qué?

Pregunta esencial ¿Cómo mantienen los hábitats a los seres vivos?

Muestra lo que aprendiste
Comenta con un compañero cómo un hábitat mantiene a un ser vivo. Trabajen por turnos.

1. ¿Qué recursos ofrece un hábitat a los seres vivos?

_____

_____

_____

_____

_____

2. Rotula cada hábitat.

3. Dibuja una línea entre cada ser vivo y su hábitat.

río

desierto

bosque

4. ¿En qué se diferencian la diversidad de un hábitat de bosque y la de un hábitat de desierto?

_____

_____

_____

_____

5. ¿En qué se diferencian las plantas de las marismas y los pantanos?

_____

_____

_____

_____

Lee esta situación y responde
las preguntas 1 a 4.

Joe y su familia se fueron de viaje. Visitaron dos lugares. La primera parada fue un lugar que era seco. Joe vio una planta con agujas afiladas y una cobertura cerosa. No necesitaba mucha agua para sobrevivir.

El segundo lugar al que fueron Joe y su familia era más frío. También era verde. Tenía ríos y arroyos.

El año entrante, la familia de Joe irá a un lugar diferente. Tiene árboles altos. Llueve todos los días. La temperatura es cálida todo el año.

1. ¿A qué tipo de hábitat fueron Joe y su familia primero?
   a. a un pantano
   b. a una tundra
   c. a un desierto
   d. a un humedal

2. ¿A qué tipo de hábitat quiere ir Joe el próximo año?
   a. a un desierto
   b. a un bosque tropical lluvioso
   c. a una pradera
   d. a una marisma

3. Escribe cómo fue que Joe pudo distinguir entre un río y un arroyo.

_____

_____

_____

_____

4. Encierra en un círculo la palabra que complete correctamente la oración.

| diversidad marismas estaciones tundras |

Lo más probable es que Joe vea más plantas y animales el año entrante porque el hábitat tiene más _____.

¿Cómo puedes comparar la **diversidad** en dos **hábitats?**

Los científicos aprenden sobre los hábitats observándolos. ¿Cómo puedes observar hábitats para comparar su diversidad?

Procedimiento

☐ **1. Con el resto de la clase, observarás dos hábitats de la zona. ¿Cómo puedes observar los hábitats? ¿Qué materiales usarás?**

_____

- - - - - - - - - - - - - - - - - - -

_____

- - - - - - - - - - - - - - - - - - -

_____

☐ **2. Observa los hábitats. Reúne datos sobre los seres vivos y los objetos inertes.**

Materiales recomendados

- lupa
- frasco
- regla

Práctica de ciencias

Los científicos hacen observaciones para entender detalles acerca de algo.

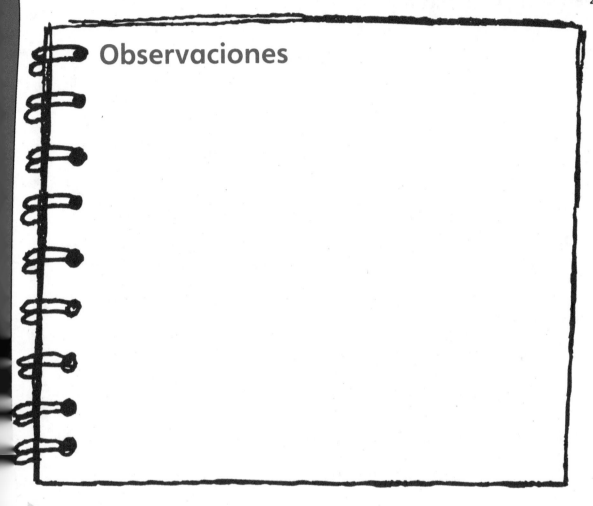
Observaciones

Analizar e interpretar datos

3. **Usar evidencia** Usando tus datos, di qué hábitat tiene más seres vivos.

4. **Inferir** ¿Por qué crees que un hábitat tiene más seres vivos que el otro?

_____

_____

_____

_____

_____

Prácticas de ciencias

Preguntas

Los científicos hacen preguntas sobre el mundo. Podrían preguntar qué rocas flotan en el agua. Esta pregunta se puede poner a prueba. Los científicos pueden hacer pruebas para encontrar la respuesta. Un científico no preguntaría qué rocas son bonitas. Esta pregunta no se puede poner a prueba porque a las personas les gustan diferentes rocas.

Haz una pregunta que tengas acerca de estas rocas. Di si tu pregunta se puede poner a prueba.

_____

_____

_____

_____

Investigaciones

Los científicos buscan respuestas. Investigan. Hacen pruebas imparciales. En una prueba imparcial, cambias una cosa. Luego ves qué sucede. Podrías dejar caer una roca para ver si se rompe. Luego puedes intentarlo con una roca diferente. Pero debes dejarla caer desde la misma altura. Si cambias la altura, la prueba no es imparcial.

Un científico pone una roca grande en agua dulce. Pone una roca pequeña en agua salada. Di si esto es una prueba imparcial. Explica por qué.

Prácticas de ciencias

Herramientas e instrumentos

Los científicos observan las cosas para aprender sobre ellas. Lo que aprenden se llama información. Los científicos pueden usar sus sentidos para obtener información. Pueden mirar y escuchar. También pueden usar herramientas e instrumentos para obtener más información. Pueden usar una balanza para medir el peso. Pueden usar un cilindro graduado para medir líquidos. Pueden usar una regla métrica para medir la longitud.

Encierra en un círculo la herramienta que podrías usar para medir la longitud del cristal.

La información es importante. A veces es difícil recordar toda la información. Los científicos no quieren olvidar lo que han aprendido. Anotan toda la información que encuentran. Dibujan o escriben lo que observan. Usan cuadernos y computadoras.

¿Qué tipo de información podrías reunir sobre estos minerales? ¿Qué instrumentos puedes usar para observar?

_____

_____

_____

_____

_____

_____

Prácticas de ciencias

Analizar e interpretar datos

¿Qué tipos de rocas hay en los ríos? Una científica no trataría de adivinarlo. Reuniría información, es decir, datos. Analizaría e interpretaría los datos. Interpretas datos cuando intentas entender lo que significan.

Hay fósiles en algunas rocás.

Observa el fósil. Dibuja cómo piensas que se veía este lugar cuando el animal estaba vivo.

Cómo medir

Los científicos pueden medir cosas muy pequeñas o muy grandes. Deben usar las herramientas correctas. Puedes medir un lápiz con una regla métrica. Un grano de arena puede ser difícil de medir. Los científicos miden cosas con cuidado. Pueden medir algo más de una vez.

¿Qué herramienta usarías para medir el fósil? Explica a un compañero cómo usar esa herramienta.

Prácticas de ciencias

Explicaciones

Explicas algo cuando ayudas a otros a entenderlo. Los científicos pueden dibujar o construir un modelo para explicar cómo funciona algo. Un modelo es una copia de algo real. Cuando dibujas algo, estás haciendo un modelo.

Este dibujo muestra las capas del suelo.

Dibuja un modelo de algo que te gusta. Agrega rótulos para mostrar cómo funciona.

SEP.2 Desarrollar y usar modelos
SEP.6 Crear explicaciones y diseñar soluciones
SEP.7 Plantear argumentos a partir de la evidencia

Argumentos a partir de la evidencia

Los científicos comparten lo que saben. Usan argumentos y evidencia. En un argumento, dices lo que sabes. También dices por qué piensas que es cierto. Los hechos que muestran que algo es cierto se llaman evidencia. Los científicos usan datos como evidencia.

Un modelo de las capas de la Tierra

Mira el modelo de la Tierra. ¿Cómo podría un científico encontrar evidencia de que las capas dentro de la Tierra están calientes?

_____

_____

_____

_____

Prácticas de ciencias

Trabajo en equipo

Los científicos a menudo trabajan juntos. Pueden obtener información de otros científicos. Comparten ideas y hechos nuevos. Hacen lluvias de ideas para resolver problemas. Los científicos revisan el trabajo de otros científicos. Cuando alguien comete un error, los demás pueden ayudar.

El oro real tiene bordes más redondeados y es más brilloso que el oro de los tontos.

Trabaja con un compañero. Mira las imágenes. Piensa en maneras de identificar qué mineral es oro y cuál no lo es.

_____

_____

_____

_____

_____

Comunicación

Los científicos comunican su trabajo. A veces presentan su trabajo en persona. A veces escriben informes. A veces escriben libros. Comparten unos con otros lo que encuentran. Aprenden del trabajo de los demás. Describen lo que observan. Los científicos también comparten con la comunidad.

Encierra en un círculo dos maneras en que los científicos comparten sus hallazgos.

Prácticas de ingeniería

Definir un problema

Los ingenieros intentan encontrar respuestas a los problemas. Su trabajo ayuda a una comunidad. Comienzan definiendo un problema que pueden resolver.

Di qué problema intentaban resolver los ingenieros cuando diseñaron las máquinas de la cantera.

máquina

SEP.1 Hacer preguntas y definir problemas
SEP.2 Desarrollar y usar modelos
SEP.3 Planear y realizar investigaciones
SEP.6 Crear explicaciones y diseñar soluciones

Diseñar una solución

Después, los ingenieros diseñan diferentes maneras de resolver un problema. Ponen a prueba sus soluciones. Cada prueba es una prueba imparcial. Pueden usar modelos como ayuda.

Esta roca contiene cobre que se puede usar para hacer alambres.

El cobre se usa para hacer alambres y tubos para las casas. La electricidad puede recorrer los alambres de cobre. Di cómo los ingenieros pueden poner a prueba alambres de cobre.

Prácticas de ingeniería

Mejorar el diseño

Los ingenieros siempre buscan una mejor solución. Hacen pruebas. Reúnen y registran datos. Usan datos de otros ingenieros. Analizan e interpretan los datos. Los ingenieros usan datos como evidencia. Los usan para mejorar su solución.

Trabaja con un compañero. Di cómo mejorarías el diseño de un túnel a través de una montaña.

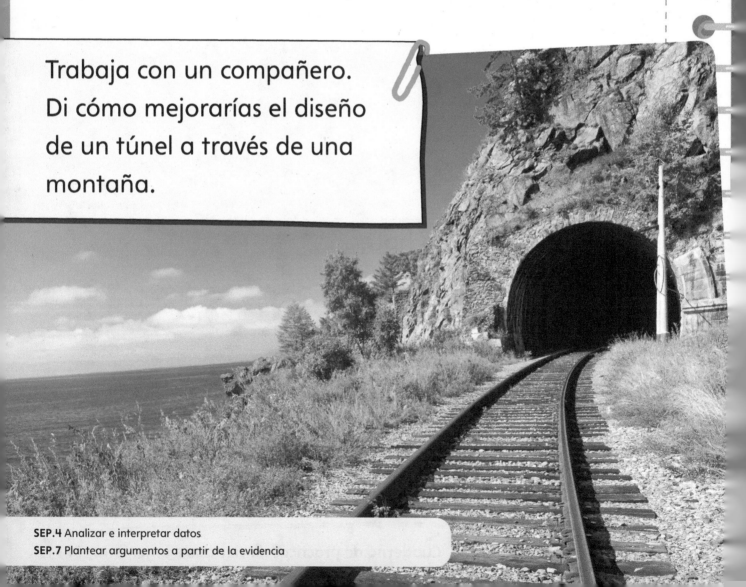

Los ingenieros comparten su trabajo con otros. Revisan el trabajo de otros. Los ingenieros tienen retroalimentación unos con otros. La retroalimentación es lo que otros piensan acerca de lo que haces. Los ingenieros usan la retroalimentación para mejorar sus diseños. Ponen a prueba sus nuevas soluciones de diseño.

¿Qué instrumentos e información usarías para trabajar en el problema del túnel?

_____

_____

_____

_____

_____

accidente geográfico Característica del terreno hecha de roca y tierra. Una montaña es el **accidente geográfico** más alto.

adaptación Característica de un ser vivo que lo ayuda a sobrevivir en su hábitat. Las espinas del tallo de una rosa son una **adaptación**.

agua dulce Agua que tiene muy poca sal. El estanque del parque está lleno de **agua dulce**.

animal Ser vivo que no puede producir su propia comida. Un perro es un **animal**.

cañón Valle profundo con paredes empinadas. Fue muy difícil trepar la pared del **cañón**.

ciclo de vida Modo en que crecen y cambian las plantas y otros seres vivos. Una semilla es parte del **ciclo de vida** de un manzano.

clave Explicación de qué significan las imágenes y los signos de un mapa. La **clave** indicaba que los recuadros verdes que había en el mapa eran parques.

contaminación Material en el agua, el aire o el terreno que puede causar daño. La basura del río es un tipo de **contaminación**.

cortavientos Hilera de objetos que bloquean el viento. Los árboles y las cercas pueden ayudar a formar un **cortavientos**.

degradación Cuando se rompen las rocas. Las rocas quedaron lisas por la **degradación**.

desprendimiento de tierra Cuando se cae un lado de una colina o una montaña. El terremoto causó un **desprendimiento de tierra** en la montaña.

dique de contención Muro corto que se construye a lo largo de un río para frenar el agua cuando sube de nivel. El **dique de contención** evitó que el río inundara el terreno.

dispersar Repartir en varias direcciones. El viento ayudó a **dispersar** las semillas de diente de león.

diversidad La cantidad de animales y plantas distintos que viven en un lugar. Los bosques lluviosos tienen mucha **diversidad**.

dureza Qué tan duro o sólido es un objeto comparado con otros objetos. Un diamante tiene más **dureza** que cualquier otro material.

ensamblar Armar. Puedes **ensamblar** un rompecabezas uniendo las piezas.

erosión Lo que ocurre cuando se quitan suelo, arena y pedacitos de roca. Los vientos fuertes causaron la **erosión** de la orilla del lago.

escala Forma de comparar la distancia entre dos objetos en el mapa y esos mismos objetos en la vida real. Usé la **escala** del mapa para calcular la distancia entre mi casa y la biblioteca.

estado Una forma de la materia. El agua cambia de **estado** cuando se congela y se hace hielo.

flexibilidad Capacidad de doblarse de la materia. La goma tiene más **flexibilidad** que el metal.

gas Materia que no tiene ni forma ni tamaño propios. El globo se elevó en el cielo por el **gas** caliente que tenía dentro.

glaciar Cuerpo muy grande de hielo que fluye. El **glaciar** avanzaba muy lentamente por la colina.

hábitat Lugar en que vive una planta o un animal. El bosque lluvioso es una especie de **hábitat** de tierra.

humedal Hábitat de tierra que a menudo está cubierto de agua. Las marismas y los pantanos son dos tipos de **humedales**.

inundación Mucha agua que cubre rápidamente un terreno que no suele estar cubierto por agua. La fuerte tormenta causó una **inundación** en nuestra ciudad.

lava Roca caliente y derretida que fluye del cráter de un volcán. La **lava** se esparció por la ladera del volcán y cubrió el terreno.

líquido Materia que no tiene forma propia. Él vertió el **líquido** en el vaso.

llanura Áreas planas que a menudo están en los valles. La **llanura** estaba cubierta de pastos cortos.

M

magnético Un objeto que puede ser empujado o jalado por un imán. Algunos tipos de metales son **magnéticos**.

malecón Muro largo que se construye para frenar el agua del océano. Se construyó el **malecón** para obtener terreno seco de un terreno que estaba bajo el agua.

marisma Humedal con plantas que son como el pasto. Muchos patos viven en una **marisma** cerca de mi casa.

materia Cualquier cosa que tenga peso y ocupe espacio. Los sólidos, los líquidos y los gases son formas de la **materia**.

meseta Parte elevada de la superficie de la Tierra que es plana en la parte superior. Subimos a la cima de la **meseta**.

modelo Copia de algo. Un mapa es un **modelo** de un lugar.

nutriente Material que ayuda a los seres vivos a crecer. Las frutas y los vegetales tienen muchos **nutrientes** importantes.

pantano Humedal con plantas que son como árboles. El agua es profunda en algunas partes del **pantano**.

pendiente Un área que se inclina hacia arriba o hacia abajo. Es difícil subir por una **pendiente** empinada.

peso Qué tan pesado es un objeto. Era difícil cargar la caja porque tenía mucho **peso**.

planta Ser vivo que puede usar energía del sol para producir su propia comida. Los árboles y los pastos son distintas clases de **plantas**.

polinización Dispersión del polen de una flor a otra. Las abejas son importantes para la **polinización** de muchas plantas.

propiedad Rasgo o característica de un objeto que puedes observar con tus sentidos. El color es una **propiedad** de los minerales.

propósito El uso que se da a un objeto. El **propósito** de usar una regla es poder trazar una línea recta.

refugio Lugar que protege a los animales. El granero es un **refugio** para los animales de la granja.

reversible Que puede volver a ser como era. Derretir hielo es un cambio **reversible**.

sedimentación Lo que ocurre cuando el viento y el agua dejan caer arena, suelo y pedacitos de roca en un lugar nuevo. El delta del río se formó por la **sedimentación**.

sólido Materia con tamaño y forma propios. El hielo es agua en estado **sólido**.

terremoto Sacudida súbita del suelo. Un **terremoto** puede hacer que los edificios se caigan.

textura Cómo se siente algo al tacto. El helado tiene una **textura** blanda.

tundra Hábitat llano y muy frío cerca del Polo Norte. El suelo de la **tundra** queda congelado en verano.

Índice

Reconocimientos

Ilustraciones

Photo locators denoted as follows: Top (T), Center (C), Bottom (B), Left (L), Right (R), Background (Bkgd)
Portada: Shene/Moment/Getty Images;
Contraportada: Marinello/DigitalVision Vectors/Getty Images;

Páginas preliminares

iv: Clari Massimiliano/Shutterstock; vi: Michael Jung/Fotolia; vii: Dragon Images/Shutterstock; viii: Westend61/Getty Images; ix: Cristovao/Shutterstock; x: Wavebreakmedia/Shutterstock; xi: Noel Hendrickson/Getty Images; xii Bkgd: Brian J. Skerry/National Geographic/Getty Images; xii TR: Old Apple/Shutterstock; xiii B: Pearson Education; xiii TL: Pearson Education

Tema 1

000: Avalon_Studio/Getty Images; 002: Michael Jung/Fotolia; 004: Roxana Bashyrova/Shutterstock; 005 B: Photosync/Fotolia; 005 C: Vlad Ivantcov/Fotolia; 007: Richard Peterson/Shutterstock; 008 Bkgrd: Andreas von Einsiedel/Alamy Stock Photo; 008 TR: Elenathewise/Fotolia; 009: Chones/Fotolia; 010 BC: Michael Jung/Fotolia; 010 R: Smneedham/Getty Images; 011 TC: Valerii Zan/Fotolia; 011 TCL: Pukach/Shutterstock; 011 TCR: Monticello/Shutterstock; 011 TL: Michael Jung/Fotolia; 012 BL: Robert McGouey/Wildlife/Alamy Stock Photo; 012 BR: Vladimir Wrangel/Fotolia; 013: Diana Taliun/Fotolia; 014: Leon Werdinger/Alamy Stock Photo; 015: Robert McGouey/Wildlife/Alamy Stock Photo; 016: Ivoha/Shutterstock; 017: Artem Shadrin/Shutterstock; 018 BR: Michael Jung/Fotolia; 018 CR: Dorling Kindersley Ltd/Alamy Stock Photo; 018 TR: Photonic 11/Alamy Stock Photo; 019 C: Dmitriy/Fotolia; 019 TL: Michael Jung/Fotolia; 020: Africa Studio/Shutterstock; 023: Michael Jung/Fotolia; 024: Michael Jung/Fotolia; 027: Ilya Akinshin/Fotolia; 028 BC: Michael Jung/Fotolia; 028 CR: Tim Ridley/Dorling Kindersley, Ltd.; 028 TR: Nikita Rogul/Shutterstock; 029 CL: Arina P Habich/Shutterstock; 029 R: Michelle McMahon/Getty Images; 031 CR: James A. Harris/Shutterstock; 031 TR: Itsik Marom/Alamy Stock Photo; 032 B: Ann Baldwin/Shutterstock; 032 TL: Michael Jung/Fotolia; 033 B: 123RF; 033 BL: Natali Glado/Shutterstock; 033 BR: Iakov Kalinin/Shutterstock; 033 CCR: Nikkytok/Shutterstock; 033 CR: Artazum/Shutterstock; 034 BC: Michael Jung/Fotolia; 034 Bkgrd: Justin Yeung/Alamy Stock Photo; 035 Bkgrd: Andy Crawford/Dorling Kindersley, Ltd.; 035 TR: Blue Jean Images/Alamy Stock Photo; 036 BR: Aaron Amat/Shutterstock; 036 T: Donatas1205/Shutterstock; 037: Tim Large USA/Alamy Stock Photo; 039: Africa Studio/Shutterstock; 040: Lina Balciunaite/Shutterstock

Tema 2

042: Paul Souders/Digital Vision/Getty Images; 044: Dragon Images/Shutterstock; 046: OnlyZoia/Shutterstock; 047 Bkgrd: Tankist276/Shutterstock; 047 CR: Pixelbliss/Shutterstock; 048: Digital Vision/Getty Images; 050: Dragon Images/Shutterstock; 051: WoodenDinosaur/Getty Images; 052 B: Apiguide/Shutterstock; 052 TR: Sergey Peterman/Shutterstock; 053 BR: Viktor1/Shutterstock; 053 CL: Lydia Vero/Shutterstock; 053 CR: NA HNWD/Shutterstock; 053 TL: Dragon Images/Shutterstock; 053 TR: Cherezoff/Shutterstock; 054: Independent

Picture Service/UIG/Getty Images; 056 Bkgrd: Vikki Hunt/Alamy Stock Photo; 056 CL: Florida Stock/Shutterstock; 057: Dragon Images/Shutterstock; 058 BL: Science Photo/Shutterstock; 058 BR: Valentyn Volkov/Shutterstock; 058 CL: Peangdao/Shutterstock; 058 CR: Ed Samuel/Shutterstock; 059 CR: Yueh Hung Shih/Alamy Stock Photo; 059 TL: Dragon Images/Shutterstock; 060: Christoffer Vika/Fotolia; 063: Dragon Images/Shutterstock; 064 BR: Peter Titmuss/Alamy Stock Photo; 064 TC: Dragon Images/Shutterstock; 065 BR: Ersin Ergin/Shutterstock; 065 TR: ChameleonsEye/Shutterstock; 066: John Muggenborg/Alamy Stock Photo; 068 Bkgrd: Geoff Brightling/Tharp Modelmakers/Dorling Kindersley; 068 C: Dragon Images/Shutterstock; 069 Bkgrd: Ilkercelik/Shutterstock; 069 TR: Peter Close/Shutterstock; 070: Sheff/Shutterstock; 072: Echo/Juice Images/Getty Images; 074: John Kasawa/Shutterstock

Tema 3

076: Danita Delimont/Alamy Stock Photo; 078: Westend61/Getty Images; 081: Bcampbell65/Shutterstock; 082: JGI/Tom Grill/Getty Images; 083: Imgorthand/Getty Images; 084 BC: Westend61/Getty Images; 084 Bkgrd: Aleksei Potov/Shutterstock; 085 CR: Ideas_Studio/Getty Images; 085 TR: Victor Maschek/Shutterstock; 086: Jejim/Getty Images; 088: Westend61/Getty Images; 089: Fotozick/Getty Images; 090: Nevereverro/Getty Images; 092 Bkgrd: Dietrich Leppert/Shutterstock; 092 BR: Tom Grubbe/Getty Images; 093: Ruth Peterkin/Shutterstock; 094 B: Aflo Co., Ltd./Alamy Stock Photo; 094 CR: Westend61/Getty Images; 095 C: Lucie Kusova/Shutterstock; 095 CL: Suzi Pratt/Shutterstock; 095 CR: PixieMe/Shutterstock; 095 TL: Westend61/Getty Images; 096: SGeneralov/Shutterstock; 098: Fstop123/Getty Images; 101: Westend61/Getty Images; 102: Westend61/Getty Images; 104 Bkgrd: Frontpage/Shutterstock; 104 BR: Westend61/Getty Images; 105 B: Shotbydave/Getty Images; 106 BC: Suzi Pratt/Shutterstock; 106 BL: Ruth Peterkin/Shutterstock; 106 BR: Victor Maschek/Shutterstock; 106 T: Dietrich Leppert/Shutterstock; 107: Hero Images/Getty Images; 110: Inavanhateren/Shutterstock

Tema 4

112: Purestock/Alamy Stock Photo; 114: Cristovao/Shutterstock; 117: EpicStockMedia/Shutterstock; 118: Andoni Canela/AGE Fotostock; 120 BC: Jacob W. Frank/Getty Images; 120 Bkgrd: Sebastian Crespo Photography/Getty Images; 121: Phaitoon Sutunyawatchai/123RF; 122 BC: Cristovao/Shutterstock; 122 Bkgrd: Kedsirin.J/Shutterstock; 123 BR: Welcomia/123RF; 123 TL: Cristovao/Shutterstock; 126: Johnnya123/Getty Images; 127: Cristovao/Shutterstock; 128: Cristovao/Shutterstock; 129 Bkgrd: Terry W Ryder/Shutterstock; 129 TR: PS Photo/Alamy Stock Photo; 130: FotoVoyager/Getty Images; 132 Bkgrd: Robert Crum/Shutterstock; 132 BR: ImageBROKER/Alamy Stock Photo; 133 BC: Cristovao/Shutterstock; 133 Bkgrd: Powerofforever/Getty Images; 134 BR: Kazu Inoue/Shutterstock; 134 T: Haveseen/Shutterstock; 135 BR: Vesilvio/Getty Images; 135 CR: Anthony R Collins/Alamy Stock Photo; 136: Cristovao/Shutterstock; 137: Stephan Guarch/Shutterstock; 138 B: ESB Basic/Shutterstock; 138 CR: Photographee.eu/Shutterstock; 140 Bkgrd: Hoang Thai/Shutterstock; 140 C: Cristovao/Shutterstock; 141 B: Cultura Creative (RF)/Alamy Stock Photo;

141 TR: Francescomoufotografo/Shutterstock; 142 B: Andrew Roland/123RF; 142 T: Photovolcanica/Shutterstock; 146: Irina Fischer/Shutterstock

Tema 5

148: Yuen Man Cheung/Alamy Stock Photo; 150: Wavebreakmedia/Shutterstock; 152 BR: Filipe B. Varela/Shutterstock; 152 CR: JustinC/Shutterstock; 153: Design Pics Inc/Alamy Stock Photo; 155 BR: Sumstock/Fotolia; 155 CR: Domnitsky/Fotolia; 156 Bkgrnd: Claire Higgins/Getty Images; 156 BR: Wavebreakmedia/Shutterstock; 157 BC: Sofiaworld/Shutterstock; 157 BL: Marie C Fields/Shutterstock; 157 C: MarkGillow/Getty Images; 157 R: Jean Faucett/Shutterstock; 158 BR: Will & Deni McIntyre/Science Source; 158 TR: Ron Rowan Photography/Shutterstock; 159 B: Rruntsch/Fotolia; 159 TC: Rafael BenAri/Shutterstock; 160 BCR: DP Wildlife Vertebrates/Alamy Stock Photo; 160 BR: Vitalii Hulai/Fotolia; 160 C: Angelique van Heertum/Shutterstock; 160 CR: Avalon/Photoshot License/Alamy Stock Photo; 160 TR: Corey Ford/Alamy Stock Photo; 161: Wavebreakmedia/Shutterstock; 162: Fotokostic/Shutterstock; 163: Darla Krav/Shutterstock; 165 BR: Wavebreakmedia/Shutterstock; 165 CR: Olesia Bilkei/Shutterstock; 165 TR: Filipe B. Varela/Shutterstock; 166 B: Ines BehrensKunkel/Shutterstock; 166 TC: Wavebreakmedia/Shutterstock; 168: Toby Houlton/Alamy Stock Photo; 170: Wavebreakmedia/Shutterstock; 171: hkuchera/Fotolia; 172: Wavebreakmedia/Shutterstock; 173 B: Dennis W Donohue/Shutterstock; 173 TR: RTimages/Alamy Stock Photo; 174: Schuetz/Blickwinkel/Alamy Stock Photo; 175: Praisaeng/Shutterstock; 176 BC: KV4000/Shutterstock; 176 Bkgrd: Andy Roberts/OJO Images Ltd/Alamy Stock Photo; 177 BC: Wavebreakmedia/Shutterstock; 177 BR: Juniors Bildarchiv GmbH/Alamy Stock Photo; 177 CR: Anat Chant/Shutterstock; 177 TR: Martin Mecnarowski/Shutterstock; 178 BR: Ester van Dam/Alamy Stock Photo; 178 T: Wavebreakmedia/Shutterstock; 179: Photos777/Getty Images; 180 BR: Looker_Studio/Shutterstock; 180 C: Tr3gin/Shutterstock; 180 TR: Linda Bucklin/Shutterstock; 182 Bkgrd: Southeast Asia/Alamy Stock Photo; 182 C: Wavebreakmedia/Shutterstock; 183 Bkgrd: Photoinnovation/Shutterstock; 183 TR: Colin Anderson/Getty Images; 184: Sergii Figurnyi/Fotolia; 188: Owatta/Shutterstock

Tema 6

190: Ondrej Prosicky/Shutterstock; 192: Noel Hendrickson/Getty Images; 195: Jones/ShimlockSecret Sea Visions/Getty Images; 196: Joe Mamer Photography/Alamy Stock Photo; 198: Georgette Douwma/Getty Images; 199: Noel Hendrickson/Getty Images; 200: Noel Hendrickson/Getty Images; 201 BL: Clinton Weaver/123 RF; 201 BR: Svf74/Fotolia; 202: Druvo/Getty Images; 203: JPL/NASA; 206: Joyfnp/Getty Images; 207 L: Arildina/Shutterstock; 207 R : Richard GarveyWilliams/Alamy Stock Photo; 208 BC: Noel Hendrickson/Getty Images; 208 Bkgrd: Philippe Widling/AGE Fotostock; 209 BR: LMspencer/Shutterstock; 209 TL: Noel Hendrickson/Getty Images; 209 TR: Kwest/Shutterstock; 210: Joost van Uffelen/Shutterstock; 212 B: Isabelle Kuehn/Shutterstock; 212 TR: Gudkov Andrey/Shutterstock; 213 BL: Rich Carey/Shutterstock; 213 R: Bashiri/Fotolia; 214 Bkgrd: Beat J. Korner/Shutterstock; 214 C: Noel Hendrickson/Getty Images; 215: John Dreyer/Getty Images; 216 BCR: Predrag Lukic/Shutterstock; 216 Bkgrd: Yuriy Kulik/Shutterstock; 216 BR: Life On White/Getty Images; 216 CR: Frantisek Czanner/Shutterstock; 216 TL: Noel Hendrickson/Getty Images; 216 TR: OneSmallSquare/Shutterstock; 217: Alexander Chaikin/Shutterstock; 218 Bkgrd: Youngvet/Getty Images; 218 C: Noel Hendrickson/Getty Images; 218 T: Butterfly Hunter/Shutterstock; 219 Bkgrd: Hero Images/Getty Images; 219 T: Liliboas/Getty Images; 219 TR: FangXiaNuo/Getty Images; 220 BL: Evgeny Kovalev/Shutterstock; 220 BR: Hemera Technologies/Getty Images; 220 T: Eric/Fotolia; 221 CL: Steve Bly/Alamy Stock Photo; 221 TCL: 123RF; 221 TL: Dmitry/Fotolia; 223: Anton Foltin/Shutterstock

Páginas finales

PF0 BR: Cagla Acikgoz/Shutterstock; PF0 CR: Tyler Boyes/Shutterstock; PF0 TR: Sergey Kuznetsov/123RF; PF1: Ted Kinsman/Science Source; PF2 BC: Evgeny Mishustin/Alamy Stock Photo; PF2 BL: Gjermund/Shutterstock; PF2 BR: Zcw/Shutterstock; PF2 CR: Karuka/Shutterstock; PF3 BR: Vvoe/Shutterstock; PF3 TR: Robbie Shone/Aurora/Getty Images; PF4: Adam Burton/robertharding/Getty Images; PF5: Ermess/Shutterstock; PF6: Snapgalleria/Shutterstock; PF7: Simone Brandt/Alamy Stock Photo; PF8 C: 123RF; PF8 TR: Shawn HPFpel/Alamy Stock Photo; PF9: Lloyd Sutton/Alamy Stock Photo; PF10: Alessandro Colle/Shutterstock; PF11 BR: DonNichols/E+/Getty Images; PF11 C: Flegere/Shutterstock; PF11 TR: Zelenskaya/Shutterstock; PF12: Fat Jackey/Shutterstock; PF13: Martin Barraud/Caiaimage/GettyImages; PF14: Alexey Maximenko/123RF; PF15: Jejim/Getty Images; PF16: Photoinnovation/Shutterstock; PF17: Ruth Peterkin/Shutterstock; PF18: Bcampbell65/Shutterstock; PF19: JerPFy Walker/Science Photo Library/Getty Images; PF20: Ivoha/Shutterstock; PF21: Valentyn Volkov/Shutterstock; PF22: Photocay/Alamy Stock Photo; PF23: Tom Grubbe/Getty Images

Mis notas y diseños

Dibuja, escribe, crea

Mis notas y diseños

Dibuja, escribe, crea

Mis notas y diseños

Dibuja, escribe, crea

Mis notas y diseños

Dibuja, escribe, crea

Mis notas y diseños

Dibuja, escribe, crea

Mis notas y diseños

Dibuja, escribe, crea

Mis notas y diseños

Dibuja, escribe, crea

Mis notas y diseños

Dibuja, escribe, crea